神眼

刘光启传

姜维群 刘春芬／著

有人说，他长着是一双神眼，能为字画透视的眼；有人说他是“电脑”，是比计算机反应还要敏捷的电脑。在天津沈阳道旧物市场，只要一提刘光启，名字如雷贯耳不说，后面准有一串他的传奇故事……

百花文艺出版社
BAIHUA LITERATURE AND
ART PUBLISHING HOUSE

图书在版编目（CIP）数据

神眼：刘光启传 / 姜维群，刘春芬著. -- 天津：百花文艺出版社，2012.1
ISBN 978-7-5306-5863-5

Ⅰ. ①神… Ⅱ. ①姜… ②刘… Ⅲ. ①刘光启－传记 Ⅳ. ①K825.81

中国版本图书馆CIP数据核字(2011)第232682号

百花文艺出版社出版发行
地址：天津市和平区西康路35号
邮编：300051
e－mail：bhpubl@public.tpt.tj.cn
http：//www.bhpubl.com.cn
发行部电话：(022)23332651 邮购部电话：(022)23332478
全国新华书店经销
天津新华一印刷有限公司 印刷
*
开本 787×1 092毫米 1/16 印张 10.5 插页 2
2012年1月第1版 2012年1月第1次印刷
印数：1-5 000册 定价22.00元

目录

第一章　写在前面的话

在天津，刘光启这个名字人们并不陌生，尤其在文物行中、在字画鉴定上，许多人更是跷指啧啧不已。

有人说，他长着是一双神眼，能为字画透视的眼；有人说他是“电脑”，是比计算机反应还要敏捷的电脑。天津电视台曾为他拍过电视专题片——《神眼刘光启》；《天津日报》曾用整版篇幅报道他在字画鉴定上的不凡经历；在天津沈阳道旧物市场，只要一提刘光启，名字如雷贯耳不说，后面准有一串他的传奇故事……

围绕着这双“神眼”，流传着一个又一个有关他的轶闻趣事，这些让人们听来那么奇那么妙那么感人那么玄秘。循着这根长长的、又是曲曲弯弯的线，我们终于找到了发生那么多传奇故事的源头。

刘光启，一个极普通、极普通的人。

从长相看上去，这是一张漫画家笔下的面庞，上大下小瓜子形的脸，两只扇风耳朵。当你与他目光平行对视时，两只耳朵清晰的轮廓会展现给你。鼻子和嘴没有什么特殊之处，只是摆放在这张脸上，增加了活泼的气息。

到五十岁的时候，他的头发已全白了，白发苍苍常常是老态龙钟的标志。然而白发对于他，却是睿智、奉献的象征。最不引人注目而恰恰又引起神秘感的，是刘光启那双眼睛。这眼睛，小小的，无事时常常是一道微启的缝隙。当见到书画、见到书画珍品时，其眼波如风驰、似电掣，能穿墙导壁，能一瞬千里；其光灼灼，能力透纸背，其神烁烁，能放出异彩。

您信么？

这不是什么传奇，他的确有一对神眼，这对神眼不是什么特异功能，不是什么超人，切切实实如同我们正常人的眼，切切实实又不同于我们普通人的眼睛。

凭借这双眼，在文物行中一干就是几十个春秋；凭借这双眼，他在天津市文物管理处负责天津口岸的验关，印把子他一拿就是三十多年；凭借这双眼，他跻身于全国首批文物鉴定委员会，成为书画专项鉴定最年轻的委员；凭借这双眼，几十万张画从眼前走过，为国家发现了一批国珍国宝。

记不清是谁说的了，人都可以成为圣人，人都可以成为大家巨擘，只是人们的精力不能几十年始终如一地钻研，当光点长期地凝聚在一处的时候，这便是一口深井，其学问经验的爆发便是能量极大的“井喷”。

刘光启，三十年的单身生活，四十载苦心孤诣的钻研，多像《西游记》中的孙悟空，若没有八卦炼丹炉七七四十九天的煎熬锻炼，哪有火眼金睛的大圣呢？旧社会苦难艰难的学徒生涯，造就了他辗转腾挪的生存本领，为了不至于冻馁，为了出人头地，他确实奋斗过。然而，他爱书画的天性，他博闻强记的天赋，他精进不息的精神，终于造就了一个鉴定字画的栋梁之才。

附在他身上的传奇色彩，随着时间的累积会变得越来越神秘。然而，抹掉这光怪陆离、褪去这传奇色彩，我们展示给人的是一个有血有肉、有情有义的平平常常的人。

我们都不是神，但我们又都是神。当我们面对庙宇、面对祠堂、面对道观，里面供奉的曾经都是活生生的人。这些是我们民族的精神、民族的向往，有些是民族的脊梁。但是，与其歌颂已经死去的“神”，何不蘸着笔墨，追踪正在为社会默默贡献者的足迹，为他们写一篇虽不能惊天地、泣鬼神，但也能为之感动的大文

章，不是吗？

他是一个特殊岗位上普普通通的人，正因为名贵字画赋有传奇色彩的流传，使得刘光启也传奇起来。我们不妨将这散落的大珠小珠穿串起来，再抖散，让它“大珠小珠落玉盘”，聆听其声、静思其人。

传奇是在传说的基础上加工成为有声有色的故事。它其中有真实的素材，也有文学的色调，《神眼》这部书大概也未跳出这样的窠臼。

从古至今，有许多收藏大家有着洞悉字画的神眼，可惜他们离我们太远；从南到北，我国活跃着众多的书画鉴定大师，可惜我们与他们不熟识。刘光启，我们领教过他的神，从周围的传说中闻听过他的神。这其中有“演义”的成分吗？这其中有虚构的成分吗？我们相信，读者心中自有一架天平，砝码就在你的手中。

我们正盯着这架天平，看着砝码。

第二章

1. 一个"神童"的诞生

华北平原有个冀县,它位于河北省南部,滏阳河流域。

早在汉代此地为信都县,三国魏为冀州治;到了明代废除县入冀州,直至公元1931年改为冀县至今,据说因此还有些名气。

冀县城西南有个一百多户的村庄,名为大齐村。这里的农户人家大多靠种地为生,那些老实巴交的农民守家种地,日出而作,日落而息,老婆孩子热炕头。也有比较精明的人到城里学徒,熬几年也学会了做点小本生意。

上世纪的二三十年代,半封建半殖民地的中国到处一片萧条,村里男女老少的日子也不好过。贫穷的庄户人一年到头求神拜佛,祈求平安。

大齐村有位名叫刘占明的老人,高高的个子,看上去有几分斯文。他年少时念过一些书,到头来也没有什么功名。平日里总爱两手背在身后,喜欢在庭院里踱来踱去。

农家的耕三耙六、秋收冬藏全然不通。每日唯一的癖好,就是写写画画,俨然是个老夫子。他就爱说:“让我撅着屁股去种地,我不干。”每次说完,总是得意地挺挺胸,迈着四方步不紧不慢地溜溜达达。

家里的人对刘占明不敢说半个“不”字。而村里的人也对他毕恭毕敬,将他奉为“圣人”。

原来,这老先生有一个绝活——“画庙”。“画庙”就是“塑神像”。他不但能将三国人物画得栩栩如生,更拿手的是画人见人爱的“送子观音”、“南海菩萨”、“城隍老爷”……

就这一手,刘占明老先生在方圆几十里,甚至是几百里算是出了名。

一天,外村的一户大家,种的庄稼怎么也长不好,听人说大齐村有个“画庙”的刘先生,于是备好轿车,远道而来。他进了门,先是叩拜,然后恭维话说了一大筐。刘先生此时最神气,又摆出平时别人请他来的那副小小得意样,坐上轿车扬长而去。

到了那家,便见主人远接高迎,屋内桌上酒肉齐备,刘老先生被请到首席,觥筹交错,一通推杯换盏后,刘老先生酒足饭饱,便一挥而就。财神像画好了,往上一挂,只见那大户人家,老老少少当即烧香磕头。

到底灵验不灵验?天下不下雨?苗长不长?那就不关刘老先生的事了,当然刘老先生也根本不会去过问。要问刘老先生信不信,就连他自己也闹不清。反正,谁请他去都是好吃好喝好招待,赚几个小钱儿,也足够过“小康”生活了。

刘占明老先生毕竟农民出身,“传宗接代”意识极为浓厚。这些日子,听说就要有孙子了,心里挺高兴的。他盼啊,盼来了这么一天。

1932年3月12日晚上,随着一声强有力的哭声,刘占明迎来了他此生的一件大喜事——长孙诞生了。

这男孩长得很出奇,一对小眼睛特别亮,眼珠总是滴溜溜地转,不时地看看这儿,望望那儿,五官算不上俊美,但还周正。就是这对带着几分灵气和精神的眼睛着实招人喜欢。

刘占明老先生望着孙子,瞧也瞧不够,爱也爱不够,高兴得合不上嘴,逢人便夸这孙子不一般,还偏爱拿眼睛作为依据,旁人听了也都笃信无疑。

一连几天，刘老先生琢磨着给孙子起个好名字。论孙子这辈，中间应是"广"字，那后面取什么字为好呢？这日，他又细细地端详着孙子的眼睛突然想起来了，就叫"起"。

"起"，照刘老先生讲，那可就深奥多了。他拿着厚厚的书，嘴里念着："起，能立也，起本发步之称，引申之训为立，又引申为凡始事、凡兴作之称……"

刘老先生期待着小孙子长大能财源茂盛，能成就大事业。

从此"刘广起"因此而得名。（后本人按谐音改为"刘光启"，他曾风趣地说：财源并不兴旺，事业没有大成就，还算过得去。）

转眼间，小光启会说话了。薄薄的小嘴天生就能说，整天喊着"爷爷"。刘老先生真把他当命根子了。

小光启3岁时，刘老先生已经70岁了。小光启整天跟着爷爷屁股后面跑，爷爷还真是一步也离不开他。

到了4岁那年，小光启开始成为爷爷的唯一学生了。爷爷经常离不开书，小光启从这么小，就开始跟书打上了交道。

有一回，爷爷自言自语背诵了《百家姓》，小光启听到了。转天，他蹦蹦跳跳跑到爷爷的堂屋，见爷爷正闭目吟诵古诗。站了片刻，喊道："爷爷，爷爷。"爷爷睁开眼，一见到小光启来了，连忙把他搂在怀里。

"爷爷，我也会背了。"

"会背什么了？"刘老先生漫不经心地说。

"会背那个'百家……'，对了，'姓'。"

刘老先生忙说："嗽，是吗？"

"赵钱孙李　周吴郑王　冯陈褚卫　蒋沈韩杨　朱秦尤许　何吕施张　孔曹严华　金魏陶姜　戚谢邹喻　柏水窦章……"

刘老先生听呆了，心想："这小家伙还真行，好脑子！"他心里边赞许边对小孙子说：

"广起，从今天起爷爷教你念书。"

"太好了，太好了。"小光启高兴得拍起手来。这一年他才4岁。然而正是这

良好的家庭启蒙教育，对他以后事业发展起到了不可估量的作用。

小光启可真叫“神”，刘老先生教给他念的《三字经》、《百家姓》、《名贤集》，他都能背得滚瓜烂熟。

“人之初，性本善。性相近，习相远。苟不教，性乃迁……”一背就停不下来，刘老先生心里直叫好。

小光启这么小年纪，怎么会有这么好的记忆呢？这个问题，即使是他的启蒙老师、学识较深的爷爷——刘老先生也找不到答案。

小光启对念书还从不腻烦，他把背书当游戏，总也玩儿不够。高墙大院里，天天见到这一老一少在一起又说又笑，邻里也天天听得见小光启那清脆悦耳的背书声。

“贺新正，才立春，常鲜纸，贴满门。左一伙，右一群，尽都是，拜年人……”

这《三言杂字》倒背如流。

日用五谷稷上仓，
芝麻荞麦黍稻粱。
瓜果梨桃柿枣杏，
福圆茄枝和槟榔。
石榴葡萄山楂糕，
茶食馓子饭酒浆……

带有浓厚生活气息的《七言杂字》也难不倒小光启。

5岁那年，小光启已会念《朱子家训》了，时间不长，他就能背诵下来，有时还和爷爷比赛。结果，他常常超过刘老先生。

早晨，天一亮，庄户人家都早早下地干活了，小光启也已经在庭院里念书了，他流利地背诵着《千字文》：“天地玄黄，宇宙洪荒。日月盈昃，辰宿列张。寒来暑往，秋收冬藏。闰余成岁……”

一次，刘老先生告诉小光启：《千家诗》可是有学问啊，它选录的是唐、五代及宋人的诗篇，多念念大有好处。

小光启眨眨眼睛，似乎明白了：爷爷的话就是让他多读好诗，这样才有学问。他可乖了，连续念了好几天，竟背下了几十首诗：

“春眠不觉晓，处处闻啼鸟。夜来风雨声，花落知多少。”……

《朱子家训》内容，小光启也能背下来：“黎明即起洒扫庭除要内外整洁……一粥一饭当思来之不易，半丝半缕恒念物力维艰。”

刘老先生极欣赏小光启的聪明，时常对小光启的爹娘讲：“这孩子将来比你们有出息。”

村里有位长者，也识文断字，常来刘老先生家串门，便常听小光启背书。他问刘老先生：“这小家伙脑子里装了多少东西？”

“大概已经十几本书了。”刘老先生说。

“了不起，是个小‘神童’啊。”那位长者伸出拇指，赞不绝口。

这小“神童”的名字从此在村里传开了。

小光启还真“神”。刘老先生“画庙”，小光启看后，过目不忘。于是，自己也试着画一画，还真有几分相似处呢。

刘老先生看着渐渐长大而又伶俐的小光启，心里萌生了让他上学念书的想法。

这一年，小光启还不到6岁，就进了学堂。

第一次背书，竟一鸣惊人。私塾先生心里直夸小光启：“好神啊！”

当时是这样的：

上午，私塾先生检查背诵，与小光启一起念书的同学们都紧张得不得了。小光启瘦瘦身材，年纪又小，个子又矮，穿一身青色的布衣，倒显出小巧玲珑。虽然貌不出众，一双眼睛十分有神，倒引人注意。

小光启规规矩矩坐在学堂里，一点不紧张，眼睛左右环视着比他高出半头的那些大年龄同学，又好奇又好笑。

这时，一位坐在他旁边的大同学被先生叫到前面背书。那时，先生的手在书上的哪块一停下，到哪，你就接着先生手指处往下背，如果先生不命令你停，学生就不敢停。

站在前边的那个同学，高高的个子，已经11周岁了。背《四书》里的一段，结结巴巴背不下来。先生的脸一板，怒视着他，吓得那位同学直哆嗦。

小光启瞅着这情景，恨不得上前边代替那位大同学背诵。

“刘光启，”叫声打断了正在想这想那的小光启。

“到。”

小光启不慌不忙地走到先生跟前，此时的小光启心神镇定自若，因为他胸有成竹，背诵对于他来说，就像在家做游戏一样好玩儿。他看到先生的手指在书上的一处停了下来。“知道了，背诵《名贤集》。”小光启在心里说。

“但行好事　莫问前程　与人方便　自己方便　善与人交　久而敬之　人贫志短　马瘦毛长　人心似铁　官法如炉……”

本来背八行足矣，因为老师已给他指明了背到哪里停。可小光启却没注意，不知不觉地一口气背了半本书。简直像涓涓流动的溪水，格外流畅。

私塾先生的脸上刚才还是怒气横生，等小光启这么一背，真是“阴转晴”了。小光启倒没觉得什么，底下坐着的同学们都吃惊地望着他。

先生开始注意小光启了。

下午，没想到先生又招呼小光启背书。

“奇怪，上午不是背得好好儿的吗？”全班同学都莫名其妙。

只有小光启不慌不忙，“多背更好”。他心里想着在家里爷爷也是这样做的。

这回可不是让他背书了。只见先生拿出一张纸，中间撕个小窟窿，将纸铺在书上，小窟窿只露出一个字，先生让小光启念出这个字来。

“帝。”小光启马上念出。

此时的学堂里鸦雀无声，静得地上掉根针也听得见。

先生反复用此方法，先后露出二十几个字，顺序前后颠倒，小光启一个也没被难倒，都读出来了。

私塾先生眼里露出极诧异的目光，他久久地打量着小光启，嘴里想说什么，又没有说出来，只是轻轻地喃喃自语：“好神啊。”这声音低得只有站在离他半尺近的小光启能隐隐约约地听到。

以后，同学们自觉地都来拜小光启为师，小光启也很热情，常常抬起头踮着脚，为那些比他高出多半头的同学们讲解诗文。

小光启的天才，越来越被公认了。

冬去春来，一晃几年过去了。小光启的书越念越好，越读越精。

就在11岁这一年，他生活中闯进了一位学究模样十足的先生。这位先生是耳闻小光启的聪明后，提出要单独培养小光启的。

后来才得知这位先生叫卢志明，小光启称他为卢老师，就是这位卢老师使小光启的命运发生了不小的变化。

从此人称小"神童"的刘光启，步入了一个未知的人生旅程。

2. 艰难的学徒生涯

卢老师是西园头村人，小光启跟着他又念了一段时间书。

在西园头村，卢老师有一个在外做生意的老乡，这位老乡在天津开了个首饰作坊，眼下要找一个小伙计，不外乎是管管家、算算账罢了。

卢老师一想，这事非小光启莫属，他脑子快，如果能干干这差事再好不过了。要是真能到城里闯一闯，以后一定会有出息。

那个时候，冀县一带的村里，都有这样的风俗，男孩子到了十二三岁，就打发去到城里学徒，在外面混出个人样儿来，过几年再娶媳妇。那可不是，混好了，发了财，光宗耀祖，人们自然高看一眼。可谁要是让老板开除了，回到村里就甭想娶媳妇，乡里人谁都瞧不起，都认为这样的人没出息。其实细想起来，像学徒、做生意、发财这样的活，还真不是人人都能干的。

就是这样，各村只要有一点点能耐的人，都出去混了，而且有的混得还不错。

卢老师喜欢小光启，一想当小伙计可是个良机，于是满腔热情地来到了刘老先生家，一五一十地由头至尾说给他们听。

起初，家里人都反对。小光启的娘一边抹泪一边说："他还是个孩子，我们考虑考虑。"说完眼睛就一直看着刘老先生。

"不干，不干。"刘老先生心疼孙子，便一口回绝了。

"他只会背书，晚上尿盆还用爷爷拿，太小了，不行。"小光启的爹平时不大爱说，今天心疼起孩子，也不愿意他去。

卢老师见刘家一家人如此疼爱光启，本想打退堂鼓。可是他也是个爱才之人，他太看重小光启这个人才了，为了小光启的前途，他又直陈利弊、苦口婆心地好言相劝一番。

这一劝还真劝动了。光启的爷爷、父母一听卢老师言之有理，算算小光启的年龄13岁了，倒也该出去闯闯了。所以，一咬牙下决心让他去外面见见世面。小光启从内心里不愿离开爹娘，可是，他知道卢老师是一片好意。他相信卢老师的话，自己会成功的。他做好了准备，即使失败，也绝不回村，非要混出个人样来。带着这样的想法，他毅然决然地离开了家。

1946年三月初九，刚满13岁的刘光启背上了小铺盖卷儿，第一次离开了生他养他的故乡，离开了他最亲爱的爷爷和父母。

这一天，是刘光启终生难忘的一天。他依依不舍地迈出了家门，一次又一次地回头看看亲人。

他看见年迈的爷爷满头银发，老泪纵横；他看见日夜操劳的娘一手扶着门，一手捂着脸，泪水流满面颊；他看见默默不语的父亲站在风中，慢慢地向他挥着手。

刘光启眼睛湿润了，从来不知难过的他，今天的心都要碎了。这一去，是三年、五年？还是十年、二十年？他不知道，只是在心里默默地为亲人祈祷。为了让家里人放心，他强忍离别之苦，脸上挤出了一点点很不自然的笑容。

故乡离他越来越远了。

刘光启再也不敢回头多看一眼。他在心底发誓："我以后再苦再累一个人承担，一定要混出个人样儿来。"这时他忽然觉得自己长大了许多。

年仅13岁的刘光启，还未更多地享受少年时代一个孩子应有的快乐，还未来得及幻想明天美好的梦，命运便驱使他过早地来到了一个他从未接触过的社会，这个社会是他连做梦也没有想到的。

这是一个残酷的社会，而这个社会正等待着他。

天津卫街头，人来车往。习惯了乡村生活的刘光启，乍到津门，如同刘姥姥进了大观园。看到满脸涂抹着红红白白、身着旗袍的女人们，他还以为是从戏台子刚下来的唱戏的。迎面走来几位西服革履的男人，他还奇怪这几位头发怎么这么光亮。

天津卫的小洋楼令他目不暇给，古色古香的瓦房院落，也使他感到分外新鲜。耳听到天津人说话的声音，"直来直去"的语调怪有意思的。

刘光启小心翼翼地走在大街上，他又看到马路上跑来跑去的人力车，心里一阵奇怪：俺们村的车是用马拉，这怎么是人拉呢？他一眼见到了迎面跑来的一个衣衫褴褛的车夫，看上去也五十多岁了，脸被晒得通红，汗直往下滴，边跑边喘大气。车上坐着一个肥头大耳的老爷，胖得像个大肉球。这一情景令刘光启心里突然产生了说不出来的滋味。

在村里，祖父不种地，而爹是个地道的庄稼汉。烈日下，爹爹在大田里劳作，经常汗流浃背。此时看见人力车夫的境况，使他又想起了自己的爹。刘光启鼻子一阵发酸。

人啊，为什么命运如此不同，有人享受、有人吃苦。这里的道理，对于小小的刘光启来说，他怎么也闹不清。

在熟人的带领下，他来到天津卫古楼西镇署西箭道。这就是刘光启当小伙计的地方——首饰作坊。

"来啦，"说话的是一个个子不高，瓜子脸，长着一对小眼睛的先生。他穿戴不算考究，但在这里的二十几个人当中，算是很体面的了，一看他的样子就能马上猜到他是这里的老板。看见他们进门，老板与那个领他来的熟人打着招呼。

那个熟人与老板寒暄了两句，不知与老板说了些什么，没有待住，就匆匆走了。

一个年长的伙计将刘光启领到了下屋，将铺盖卷儿一撂，又赶忙跑到前边

听着老板吩咐。

“从明天起，这里的活儿你就包了。”老板边说边指着炉子、饭碗、茶壶，还有厕所的马桶。

刘光启从此每天早早起来，筛炉灰、扫院子、盛饭、打水、刷马桶，一天没个停闲。出来学徒就得听人家的，只好认头干了。晚上该可以安歇了吧？可还是不行。老板饭后还要打麻将牌，指使刘光启不光伺候端茶倒水，还要忙这些打牌人的夜宵。

小小年纪的刘光启，整日疲惫不堪，超负荷的劳动，令他难以支撑。

老板见他脑子倒很机灵，除了日常的那些活外，还让他自己干一些首饰作坊里打锤子的活儿。平常的那些杂活就够他忙的，没有一点空闲，还要打锤，可刘光启一声不吭咬着牙，硬是坚持干下来。那时他多么留恋在家里读书的时光啊。如今为了生活，他只有承担这沉重的负担。刘光启心想：决不能退缩，再累也不能回去。

一天早晨，刘光启刚干完例行的活计，往作坊里走，突然脚步踉跄了几下，眼前也模糊了，他以为是昨天干活儿干到深更半夜，睡觉太少了。不一会儿，身子摇晃得更厉害了，他紧走几步，进了作坊，竟没有听到老板叫他的声音。

“小伙计，小伙计，”一连喊了几声也没有听到回音。老板一下子火了，“你他妈的装洋蒜”，说着便怒气冲冲朝刘光启走来。

老板手里拿着鸡毛掸子，大步走进作坊，掸子高高扬起狠狠落下，然后又用脚狠狠地踹。刘光启被这突如其来的一顿痛打搞蒙了头，身子往后一仰，头正撞到门框上，一下子昏死过去。

老板打完了转身就走，他想：这回这小子该服了。

过了一会儿，老板只等着刘光启爬起来干活儿，可左等右等不见人影。老板气不打一处来，又拿起了鸡毛掸子，准备狠狠收拾一下刘光启。

一进作坊门，老板愣了。刘光启头上鲜血直流，两眼紧闭，身上不知怎么弄得也血迹斑斑。几个年长的伙计围着他，有的掐人中，有的给他按摩。一会儿，刘光启醒过来，只觉得浑身痛如针扎，连抬眼看老板的力气都没了。但他紧咬着嘴唇不吭一声。几个伙计连忙求情说:“您老快给小伙计看看病吧。”

老板一盘算,无奈还得用刘光启呢,便叫几个伙计把刘光启抬到了医院,医生检查后,准备在头上给刘光启缝16针,但医院又没有麻药。

恰巧,老板的一个朋友是开华耀药铺的大掌柜,他有麝香回阳膏可以代替缝针,天无绝人之路,多亏了这药膏,刘光启才保住了性命。

但是,刘光启的头上却留下了一道深深的伤疤。这伤疤是他艰辛的学徒生涯的见证。

挨打,并没有动摇刘光启的心。不能回去,回去就是没出息,决不能让亲人伤心失望。这时,眼前又浮现出亲人送别的场面,他不禁浑身抽搐了一下,“不,决不回家!”

伤好以后,又是几个月过去了,刘光启的劳动量仍然未减少,日复一日,累活、杂活接连不断,同以往一样,白天干完,晚上还要干。

刘光启太疲劳了,他多么希望有一天能睡上一个囫囵觉。

八月节晚上,老板几个人又吃又喝、又玩又乐,刘光启跑前跑后伺候着。

“小伙计,倒茶。”

“小伙计,毛巾。”

“点烟。”

“快点上饭。”

随着客人们不断地招呼,刘光启跑前跑后的可忙坏了。

时钟已打了12下,刘光启实在是太困了。

“沏茶。”又是一阵客人们的招呼声。

刘光启连忙从大炉上提下滚烫的大铁壶,一边走一边左晃右晃,不知怎的,壶里滚烫的开水全都浇在了自己脚上。

钻心的疼痛倒使他清醒了,可是随之而来的便是老板的叫骂声。

夜深了,刘光启一瘸一拐回到作坊,脱下鞋一看,脚面都烫烂了,疼得他没法睡觉,几个好心的伙计对他说:“可怜的小伙计,还是写封信给家里吧,让爹娘接你回去。”

说着，有的伙计还落下了同情的眼泪。

“不，我不能告诉他们。”刘光启心里暗暗下着决心。

是呀，此时他想到了爹娘和爷爷，他们要是知道自己被烫成这样，还不心疼死。刘光启又一次咽下了痛苦的泪水。

夜晚，他透过窗子，望着天空上的月牙，他心里在呼唤着亲人。一个才刚十三岁的孩子，刚进入社会，就饱尝了人间的辛酸和痛楚。命运对他来说似乎太不公平了。

进入秋天，刘光启脚上的伤口烂得更厉害了。

一天下午，刘光启正在干活，老板嫌他拖着伤腿干活太慢，拿起捅炉火用的铁通条，照着刘光启使劲扔去，铁通条正扔到刘光启的伤腿上，他支持不住一下子倒在地上，腿上鲜血直流，把地都浸红了一片。

刘光启强忍着剧痛的腿，硬是站了起来。他再也按捺不住心头的愤怒：来这里不到一年，就连遭毒打，我刘光启也是一个堂堂正正的人啊！

他没有流泪，顺手抄起了厨子洗净的一摞碗愤愤地摔在地上，他终于反抗了。

老板更火了，又用铁通条更加凶残地抽打刘光启，刘光启毕竟是个孩子，他怎么能抵挡得住五大三粗的老板呢？

老板一看他也不顶用了就把他打发走了。

饭碗被砸了，他只好暂且投靠在天津河东边的一位老乡家里。一连三天，刘光启从古楼西到河东去老乡家吃一口饭，他拖着伤脚，强忍着疼痛一去就是4个钟头。吃不饱饭不说，还要看人家的脸子。他心里真是哑巴吃黄连有苦难言啊。

“回家去？”刘光启脑子里不由自主地闪现出这三个字。回家去又能怎么办呢？此时爹娘、爷爷的面容也浮现在他的眼前，“不！决不回去！我不能给亲人丢脸。”想到此年少的他毅然留了下来。

刘光启暗暗决定：我还是要学徒，学出手艺来，但不在这，下决心离开这狼牙虎口。

举目无亲的天津卫，在刘光启幼小的心灵上刻下了一道道深深的伤痕。

可不在这儿学，又上哪儿呢？他突然想起了在北京做生意的姑父。讨来地址后他贸然地给姑父写了一封信。

哪承想，姑父果真来到了天津。

见到这可怜巴巴的孩子，姑父心里好不难过，与老板交涉一番后，终于带着刘光启离开了这个使他痛恨不已的鬼地方。

3. 从入魔到入道

刘光启的姑父，名叫司仁辅。司仁辅外表给人感觉十分和蔼可亲，他待人诚恳，为人忠厚。还在刘光启小的时候，姑父的形象就深深印在他的脑海里。

姑父很早就离开了老家，在北京开了一个古玩店，生意还算过得去。

这天，刘光启随姑父从天津卫来到北京琉璃厂西头，这里有条大胡同叫柳南巷，据说有一些名人住在附近。刘光启一迈进庭院门槛，见到迎面青砖瓦房，窗明几净，心里顿时舒畅起来。

屋门打开了，原来姑妈正等着他们回来呢，一听到脚步声，她就立即迎了出来。

“光启，我的侄儿。”姑妈先是大声叫着刘光启。细一看，刘光启又黑又瘦，十分憔悴，孤零零地站在院子里。

“姑妈，您好。”刘光启见到姑妈，可算见到亲人了，感到格外亲切，声音里充满着孩子的深情。

“侄儿，我可怜的孩子。……”未等说完，姑妈早已泣不成声，抱着刘光启的头痛哭起来。

“早知这样，早就该把你接来，何至于小小年纪受这般罪啊。”又是一阵哭泣。

“姑妈，我这不挺好吗？”刘光启边说边搀扶着姑妈，劝慰她老人家。

当天下午，姑妈、姑父就立即送刘光启去医院治病，连续好多天给他换药。

一日三餐都特意为他备些营养品。

刘光启吃得好喝得好休养得也好，很快病伤就痊愈了。他心情也平静多了，在亲人的怀抱里，他感受到了温馨。这也是对他小小心灵创伤的弥补。

姑妈家的生活当然比刘光启学徒时的生活不知强多少倍，姑父的生意也比首饰作坊大得多。过了不久，刘光启闲暇到北京琉璃厂转转，眼界也开阔多了。这里面的字画、古玩，这里的老板、顾客，这里的人来人往，就连相互打招呼的声音，也令刘光启新奇万分，他觉得这里空气都是新鲜的。

一天，他走到一家店铺门口，看见柜台里站着一位比他还矮一头的小伙计。小伙子也瘦巴巴的，长得很周正，气质文雅，对来购物的顾客竟应付自如。刘光启看呆了，心里真佩服他。

回来的路上，刘光启步子越走越快，他突然想起了什么，又不知道该怎样。

“姑妈、姑父对我这样好，我不能白吃饭啊，他们的生意是为了养家，我不能拖累他们！”他琢磨起来。

“不，不能再待下去了。再待下去自己不光白吃饭，也成废物了，我也要学手艺。”他这样对自己说。

不知不觉回到姑妈家，见到刚进家门的姑父他便直言道：“姑父，给我找个地方学手艺吧。”

“学手艺？”姑父没有任何思想准备。

“是，学手艺。”

姑父走过来，靠近刘光启身边，坐在一把藤椅上，手搭在两边的扶手上，右手轻轻打着节拍。脸朝着刘光启扭过来，眼睛将他从上看到下。

刘光启是比刚来时胖了些，又黑又瘦的脸如今也水灵多了。个子虽然不算高，但看上去，还有股干巴劲。

“光启今年才 13 岁呀。”姑父想到了刘光启的年龄，担心他还小，也怕他吃不消。想到此，便试探着问：

“光启，你准备干什么？”

“我想到字画店学徒。”刘光启回答干脆利落，从孩子稚嫩的声音里，姑父感

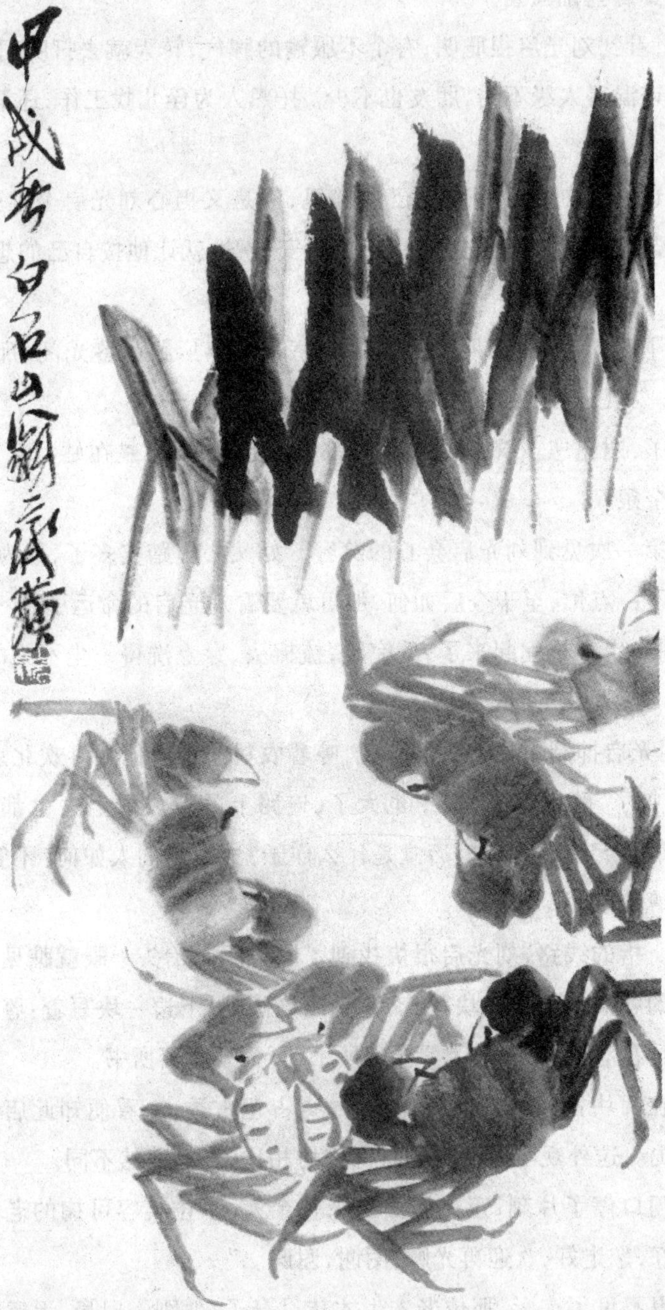
甲戌春白石山翁

觉到这孩子还真有些倔强劲。

姑父笑了，看到刘光启很聪明，有个不服输的脾气，转天就去打听门路。

姑父在北京混得人缘不错，朋友也不少。托熟人为侄儿找工作，还请一些人出面鼎力相助。

原本姑父也想让刘光启留在自己店铺里，但是又担心刘光启个性强，不愿沾亲人的光。要是留下照顾他，他心里会更不安，索性就让他按自己的想法闯一闯吧。

很快就有了着落，“光启，明天你就去北京东琉璃厂路南鉴光阁，那儿的古玩铺有藏画店。我已经跟大掌柜说好了。”

“好，太好了，谢谢您。”刘光启高兴得都要蹦起来，要不是在姑父家，他会美得在地上翻几个跟头。

姑父这是第一次见到刘光启会心的笑容。姑父心里踏实多了，他为刘光启的学徒算是帮了一点忙，至于今后如何，那可就要看刘光启的命运了。

第二天，刘光启早早就起来了，洗完脸，梳梳头，穿上洗得一尘不染的衣服，便去上工了。

一路上，刘光启抑制不住心头的喜悦，哼着农村小调。他太喜欢北京城了，看哪儿都好像变了，路也宽了，房子也大了，连路上的行人看上去也都舒服多了。刘光启高兴之余又焦急起来：店堂是什么样子？大掌柜的人如何？不管怎样，见了面一切都清楚了。

按照姑父所指的线路，刘光启很快找到了鉴光阁。抬头一眼就瞧见了上下两块很有气势的牌匾。上边一块写着：鉴光阁藏画处；下边一块写着：鉴光阁藏画处。再仔细看看落款，原来上为罗振玉所书，下为朱益藩所书。

店铺门脸在两块古朴的牌匾衬托下，显得古色古香，一看便知此店铺至少有几十年的历史。这外观与天津卫的首饰作坊相比，真是截然不同。

刘光启在门口停了片刻，正见里面出来几个人，一位笑容可掬的老先生连连说道：“您走好，您走好，欢迎再光顾，谢谢，谢谢。”

等到人走得不见了踪影，那位老先生才转过身子，他刚一回身，无意中见到门口站着一个往里观望的小男孩。

“你有何贵干？”

“我是司仁辅的侄儿。”刘光启自我介绍。

“听说了，进来吧。”

“大掌柜您好。”刘光启想起姑父的介绍，一见便知此人就是大掌柜的。

大掌柜见到刘光启，倒没说什么，摆出了一副“圣人”的样子，他一二三四，条例罗列了不少，让刘光启感到在此处是不能随随便便的。

店铺里最明显的是正面摆着的大条案，上面挂着中堂，旁边是两副对子。左边柜台八宝格子里净是古旧玩意儿。整个气氛强烈吸引着刘光启。

尽管大掌柜定的规矩多，但是刘光启从心里还是愿意待在这有字有画的店铺里。

过了一段时间，免除了在天津卫“皮肉之苦”的小光启，心里倒觉知足，这里的“文明”程度比原先好多了。但是，对于懂得一些诗文的刘光启来说，这里又有一种异样的氛围，那就是遵从学徒的规矩。

大掌柜的衣食住行，刘光启要伺候周到到无可挑剔。

就说吃饺子吧，这个大掌柜可讲究了。刘光启已经习惯了怎样服侍。

“大掌柜，饺子煮好了。”刘光启端上煮好的仅六个小饺子，再将其放入盛好的醋和蒜泥并倒入几滴香油的小盘里。

刘光启用筷子把饺子拨拉开，然后又把筷子递到大掌柜的手里，只听大掌柜“扑哧”一下子，饺子一个个就掉进嘴里。

一会儿，刘光启又把煮好的第二锅六个饺子端上来，还是照上面程序重新做一遍。

每天早晨，刘光启没等大家起来，就早早来到店堂里，站在门口恭候大掌柜。

“咚咚”两声响起，便知大掌柜已快走到门前，因为文明棍已敲了两下。

刘光启连忙打开门，再相迎出来：“大掌柜，早安。”便立即搀扶大掌柜进去，接过文明棍，转身插到帽筒里。接过帽翅后，又去解外衣扣子，为其脱掉外衣，再挂在衣架上。

“喝茶。”刘光启待大掌柜坐到太师椅上,茶已端来。

规矩就是规矩,刘光启已渐渐适应了。平时,大掌柜端着个架子,学徒的伙计们半声不敢吭,只会老老实实站在一旁洗耳恭听。

“您贵姓?宝眷在哪儿?”大掌柜对顾客态度和蔼可亲,架子全然没有,非常地客气、恭敬。

“您老请,请赐教。”

这又是大掌柜对前来做客的名流们硬装出的小学生模样。

“岂敢,岂敢。”

大掌柜又一番客套。站在屋子角落里的刘光启听到这些,耳朵已经磨出厚厚的茧子来了。

虽说刘光启习惯了大掌柜的那一套,但不免觉得有点过分了。硬撑着挤出的笑和硬说些心里不是这么想的话,真是够难为大掌柜的了。可大掌柜却总是那么毕恭毕敬,甚至低三下四,真令人作呕。

一天到晚,你来我去,迎来送往,刘光启听着他们的客套,寒暄谈论,也就渐渐熟悉了这里,而且见识也日益增长起来。

来的主顾们,大都斯文,哪个都不比大掌柜的学问浅多少。谈古论今,他们和大掌柜也分不出高低。

一天,来了两位老先生,大掌柜和他们攀谈得很热乎,刘光启斟茶倒水,毕恭毕敬站在一边。

只听他们从唐诗宋词,谈到明清小说。说着说着各自吟诵几段诗文。刘光启可爱听了,总有听不够的感觉。一个劲儿地往杯子里添茶水。

等他们走后,大掌柜便告诉店铺的师兄:“这都是大学问家,一位是北京大学陆志伟,另一位是考古学家陈梦家。”

刘光启记住了他们,也很佩服他们。以后又见他们多次来到店堂。每当此时,刘光启都认真听着他们谈论。

晚上睡觉时,刘光启想:这地方规矩多,大掌柜架子大,可是倒有个好处,名人也总来光顾。他想起了古书所描写的:“谈笑有鸿儒,往来无白丁。”这地方,我要待下去了。

春天到了,大掌柜的太太要清理房屋。刘光启打来水,洗了一大堆衣服。好大的床单刘光启都把它洗干净。至于铺床、倒水这些活,刘光启全都不在话下。

店堂后面是一个大院子,刘光启在院子里正洗衣服。突然,他见到两位大师兄上后楼去,一会儿又抱着一卷卷字画出来。

楼上门还未锁,刘光启十分好奇,悄悄推开门,头往里一探:“哇,这么多字画!”

这个秘密从此被刘光启发现了。原来这是个“堆房”,“堆房”也就是俗话说的“仓库”,库里面的字画吸引了刘光启。

他的两位大师兄到鉴光阁学徒已多年,论资排辈,刘光启可就比不上了。难怪累活儿、杂活儿都由刘光启这个小伙计担当。

刘光启多想能再看看这库房里的字画啊。

于是,他想出了个好主意,每次,只要两位大师兄进去,他就蹑手蹑脚跟在后面,帮他们拿一下,或递一下。

“师兄,下次忙不过来,我帮你。”

“行,别让大掌柜看见。”

刘光启渐渐地在库房里看到了不少字画,记下了这里所存放的作品,连登记的号头也都背了下来。

某日,店堂来了一位远道而来、又急着要赶路的中年人。说明来意后,大掌柜忙喊:“大伙计上楼去取王石谷的画。”

这两位大师兄呆头呆脑站在那里,支吾了半天,也不知大掌柜要的是哪个,更不晓得放在何处。

“快去!”

“王谷石是哪个?”两位大师兄急得不知怎么办,嘴里小声嘟囔着。

“256号,就是那幅《夏山烟雨图》,在二层柜格上左边放着。”急得刘光启倒替他俩说了出来。

“噘,是。”大师兄这才大步走出去,很快便把画拿了来。

客人走了,店堂又恢复了平静。大掌柜这才醒过梦来:“刘光启这小伙计怎么对这些藏画知道得一清二楚?”他很纳闷,但又觉得这里准有什么故事。

“小伙计,堆房翰林对子有几幅?”

“总共 50 幅。”

“放在哪儿?”

“一层右侧和二层中间。”

“你怎么这么清楚?”大掌柜问他。

刘光启见大掌柜倒没有生气样,反而带有点师长般循循善诱。

“大掌柜,对不住您老,您别生气,我就是喜欢字画,每次,主顾来买字画、卖字画,我都能记下落款是谁,内容是什么,有时大师兄进库房,我也去看看,所以记了一点点儿。”

大掌柜一下子全然明白了,进而确实感到刘光启小小年纪大有心计,脑子确实好使。这字画行当里,还真是需要这样机灵的小家伙。

其实,大掌柜却永远也了解不到,已 14 岁的刘光启,在他心底深处还憋着一股劲,那就是与师兄比高低。

两位大师兄,人倒善良,可是并不大喜欢字画,为了求条生路,来这里学徒混口饭吃。他们文化并不高,书也没有读过几本,干了这么多年,也记不住本行当的多少专业知识。

刘光启一来,就下决心要超过两位大师兄:用一年的工夫,争取赶上他们几年的工夫,也好出人头地,在字画行当里干出个名堂来。

就是这股犟劲,使他很快掌握了字画行当的许多知识。

一次,大掌柜破例拿出厚厚的十二本书。刘光启一看,喜上心头。

“光启小伙计,每天一定背下十个人名的简介和作品。”大掌柜带着命令的口吻说。

“是,遵命。”刘光启满口答应。

“可有一样,活儿一点也不能耽误了。”

“是，是，那一定。”刘光启连连响应。

冬天，北方的气候够寒冷的了，院子里连只麻雀也不愿停留，但大家却总能看到刘光启勤快的身影：他蹲在一角，手里团着黑煤球，书放在右大腿上，眼睛看着书，手还要不停地团着煤球，胳膊肘还得不断翻着书。

刘光启嘴不闲着，一个接一个念着：

“金农，钱塘人，字寿门，号冬心，又号司农，善画梅写佛像嗜奇好古；李鲜，兴化人，字复堂，号宋杨，工书画……”

“金永熙，字明吉，吴人，山水沉厚；曹培源，字浩修，上海人，山水苍润；励宗万，字滋大，静海人，善画山水。”

大掌柜有时也来考考他，没想到要考背十个，刘光启一下背了五十个。

有一回，大掌柜冷不防问刘光启：“清代书法家何绍基是哪年出生，哪年过世？”

刘光启还未等大掌柜话音全落，像连珠炮似的放了出来：“清仁宗嘉庆四年生，清穆宗同治十二年卒（1799 年—1873 年）。活了七十五岁。湖南道州人。字子贞，号东洲。草书尤为一代之冠。”

“好脑子。”大掌柜心里赞叹着，可是仍然板着面孔。

有一天，大掌柜在院里散步，见到地上散落着几张香烟纸。蹲下胖身一瞧，纸上密密麻麻的字一大堆。拿起来仔细一端详，全是各代书画家姓名字号和其作品介绍。

大掌柜明白了，这没跑，一定是刘光启的。

“光启小伙计，这是谁写的？”

“是我写的。”

“好，有点意思。”大掌柜第一次发出称赞的口吻。

“你喜欢堆房里的字画吗？”

“看过一部分。”

“好，以后你可以干些你大师兄的活儿，进堆房熟悉熟悉。”

“是。”刘光启终于赢得了大掌柜的赏识。

没多久，刘光启就将堆房里3675件字画记下来。这不是记在本上，而是一一记在他的脑子里。用不着看账本对号，说哪个，就能知其作品名称。

大掌柜这下子对刘光启的信任度提高了，但是使唤他的时候也就更多了。

大掌柜心里有了个数：光启小伙计天生就是字画这行当里的材料，将来他会一辈子吃这行饭。

刘光启在自己心里写下了这样一句话："我刘光启终于入了这字画行当的道。"

4. 字画行当中的黑话行话

雪，整整下了一夜。清早起来，北京街头的一些店铺明显呈现出门前冷落车马稀的景况。

这样冷的天，再加上厚厚的积雪，谁还出门光顾琉璃厂呢。

大掌柜明知这么个情况，可他仍像往常一样，早早来到店堂里。

大概是大掌柜的到来，感动了"上帝"，鉴光阁里一下子来了七八个主顾，一下子店堂里温暖如春了。

刘光启可忙坏了，跑前跑后，一会儿斟茶倒水，一会儿帮助打开、卷好字画，一会儿从堆房里拿出字画，一会儿又把顾客卖的字画存放回堆房。

忙了一阵儿，刘光启又站在店堂的角落里，他那双不大的眼睛望着周围的这些顾客。

"那幅字挑合适吗？"一位蓄着八字胡，操着南方口音，戴着金丝边眼镜的王先生问大掌柜。

"合适。"

"嗽，请拿来看看。"

大掌柜吩咐刘光启去做，刘光启动作很麻利，打开字挑给王先生看。

"好，好。"王先生摘下眼镜边看边说。

停了一下，大掌柜很客气地问："王先生您府上的中堂，尺寸？"

“正常。”

接着，大掌柜和他们几个人又谈论起来。

刘光启细琢磨：中堂正常尺寸是多少？字挑的合适又是指什么？

又有一回，大掌柜无意中说出了字挑尺寸：“长三尺宽一尺半，合适。”

“原来合适是指长三尺宽一尺半的尺寸。”刘光启记住了。

“那中堂正常的尺寸是多少呢？”刘光启带着这个问题，留心一下大掌柜认为够尺寸的中堂。一下子悟出来了：长四尺，宽二尺左右为正常尺寸。

那天，太阳已经落下了，人们都在准备吃晚饭。店堂外走进来两位先生。

一位瘦瘦的看上去已有六十来岁，另一位稍胖一点的也有五十岁了。瘦瘦的先生比较精明，两只眼睛射出来的光分外亮。

“掌柜的，请拿几幅清代的山水画。”

胖先生开口了，那富态相，刘光启一见便知是有钱人。

大掌柜吩咐着，刘光启从柜子里拿出几卷来。瘦瘦的先生慢慢打开，胖先生反倒不说话了。

当看到一幅画得比较精细的工笔画时，刘光启在一旁想：这准合意。

“画得不错。”瘦先生说完，就将此画放在一边，胖先生也不吭声。

再看另一幅，画工并不太好。瘦先生悄悄在胖先生耳边说了声：“有饼吃。”这声音低得只有站在近处的刘光启听得见。

到此为止，几幅画看后，只有那一幅“有饼吃”的画成交了。

晚上店铺关门了，回到房里，刘光启为大掌柜打饭时，大掌柜顺便提了一下刚才那笔生意。

“那瘦先生还真有眼。”大掌柜说。

“大掌柜，那位先生说画得不错的那幅画，为何没买？”

“你说呢？”

“是不是说画得不错，未必真啊。”

“对，就是这意思。”大掌柜说。

“我听说，他们买走的那幅画‘有饼吃’。”

"有饼吃就是有钱赚,有大饼吃就是有大钱赚。他真是好眼力。"大掌柜好像在讲给刘光启听。

接着,大掌柜兴致又上来了:"记得上礼拜,城北边的张先生来这儿,他拿来的明代书法对子,还振振有词说是真的。我一眼就看出是'捯饬货'。"

"我听到您小声对我大师兄说过。"

"捯饬货,就是假的。装饰很好,里面的东西是做假的。只不过是'老捯'。"大掌柜一一讲述起来。

"例如唐伯虎的画,如果与他同时代的人做的假,就是'老捯',一百多年后,现在的人做假,那就是'新捯'了。"

刘光启仔细听着大掌柜这些字画行当中的行话,觉得很有趣,原来这里面学问还真不少。

常来店铺的李先生是大绸缎店的掌柜,赚了不少钱,就喜好收藏字画。闲暇总来鉴光阁坐坐。李先生说话京腔十足,调门儿还老高,一谈起字画来眉飞色舞。却专喜欢贬人家收藏的字画,而有意显示自己是大收藏家,自称"京城第一"。

刘光启倒喜欢李先生侃侃而谈,每次李先生来都热情地招待他。李先生也喜欢刘光启。

"小伙计,"这又打开话匣子啦。

刘光启开始聆听。

"我街坊那个黄先生,那天邀我去他家看字画。我一看那些十有八成是'卡拉玩',他硬说都是好货。我根本就'拉不上'。"

李先生不时地表露出不屑一顾的神情。

刘光启想起了大掌柜以前说过"卡拉玩",一词,今天一听李先生又说起这个词,顿时明白了:"卡拉玩"就是"破烂货"。

李先生说的"拉不上",刘光启刚来鉴光阁时就懂得这是"看不上"的意思。因为大掌柜常用此语在背后说那些他看不上的东西。

一看刘光启这么聚精会神地听,又这么认真思考,李先生自我感觉十分良好，越说越带劲：“昨天，我表弟拿来些字画请我看看，他知道我是行家。我一瞧，有一幅字还好，其余的是‘后门捯’。你知道吗？这个‘后门捯’可是咱北京地安门造的，假的。”李先生还很认真地说。

“小伙计，你听说玻璃厂有个清妙斋吗？”

“听说过。”

“那天蓝表工，一看就知‘清妙’也是做假的。”

李先生讲了足有一个多钟头，亏着没有其他顾客，再说大掌柜正好出门看货，还未回来。刘光启真好比上了一堂字画行当的辅导课。

鉴光阁生意还算不错，每天总有来买字画的顾客，也有来卖字画的。

正是炎热的夏季，一位身穿青色绸上衣的青年人来到店堂，打开提兜，拿出两幅清代早期的字，准备卖给店里。

大掌柜很沉稳，听那青年人介绍后，仔细看了看，然后点点头，说了声：“还好，还好，写得不错。”

刘光启在一旁听着，不见大掌柜收下，那青年人无奈只好走了。大掌柜仍然客气寒暄：“请走好，请走好。”

等青年人一走，大掌柜就对刘光启说：“干这行就得长眼，我一眼就看出来一幅是‘还旧’，一幅是‘染纸’。”

大掌柜说完，见刘光启不解的样子，又补充道：“‘还旧’，就是现在人拿旧纸裱；‘染纸’是现在的人故意把纸做旧。这都是假的，真不了。”

刘光启在鉴光阁里增长了不少这方面的见识，他想：知道多了，以后干这行可就吃不了亏了，上不了当了。

就拿华世奎的字来说，听大掌柜说，天津卫就有七位专门做华世奎假字的，那天津这七位就是天津捯。其他北京捯、山西捯、河南捯、苏州捯，各有各的做假办法。即使近代的名画家自身也有做假这两下子，往往能以假乱真。

刘光启对这些行当的杂学可爱听了，只要他不懂的就问，问明白了就在脑子里记下来，从来不会忘掉。

那天，大掌柜满脸笑容，嘴里不时地念叨：“大货，大货。”

原来，大掌柜刚刚收购了一批明清精品，看来要成为“箱子底”了。

刘光启一听就明白了，大掌柜来“福”了。随之，刘光启也说了句：“大掌柜来个‘福’。”

说完后，大掌柜和刘光启都会心地笑了。瞬间，大掌柜又一本正经起来，在伙计们面前又收敛起笑容。

刘光启也连忙收起刚才的话，忙着收拾店堂。

有一天，大掌柜刚进店堂，就来了四位打扮十分讲究的生意人。他们请大掌柜看一看他们带来的几幅字画，因为这几位和大掌柜有点交情，所以大掌柜也就认真地给他们看着，大掌柜看了看，说：“大号。”

“您老再瞜瞜。”几个人一起说。

“八成。”大掌柜说。

“好。”

他们又让大掌柜看清代康有为作品，大掌柜说：“老充头。”接着又补充道：“有一眼。”

“是吗？”几个人又问了声。

“打眼。”大掌柜肯定了一下。

随后，几个人向大掌柜连连道谢，一起走出店堂。

刘光启早听大掌柜讲过，“大号”则是大名头的意思；“八成”是指大名头作品是真的，差不多，不至于假。至于刚才说的“老充头、打眼”，则无疑指的是假的。而“有一眼”，便指模仿得很像真的，但还是假的。这都是字画行当里的行话，外行人是听不明白的。

刘光启了解这些行话是便于做字画买卖的，既然学生意，那就得精通。比如，“买行”就是买同行业的货；“伙货”，就是几家合资伙买一批货物。诸如这类行话，刘光启也都是从那时学到的。

学徒期间，大掌柜告诉刘光启：“做字画生意，给价钱也要讲究说行话，‘壹贰叁肆伍陆柒捌玖拾’，就要说成‘豆贝牟长人土木另王手’，例如要说 10 元，就说‘豆豆’；例如 20 元，就要说‘贝贝’；80 元就是‘另另’。”

刘光启常听大掌柜这样讲，那些平时所说的价钱，也经常是用这样的说法代替的。

刘光启在鉴光阁期间，确确实实学到了字画行当中不少东西，长了不少见识，接触了他从未接触过的人和事，看到了许多字画作品，也渐渐清楚了这里面的买卖。

正是这几年的光阴，为刘光启日后在字画行当中闯荡打下了一个较坚实的基础。

1951 年 4 月，字画行当萧条了。两位大师兄改行走了。酷爱这个行当的刘光启陷入了孤寂之中。

大掌柜这时从心眼儿里还是惦记这小伙计的。刘光启的机灵着实让他喜爱。一连几天，大掌柜看刘光启吃不下饭，睡不着觉，心里也不踏实。

“光启小伙计，你到附近一家帽子厂工作吧。”大掌柜好心劝他。

“我不去。”

“前两天，一个朋友说邮电局招工，你挺机灵，还是去那儿吧。”

“我不想去。”刘光启坚决答道。

又过了几天，刘光启觉得总待在大掌柜这里，也不是回事，还不如自己出去混碗饭吃。“去哪儿呢？”他不知所措。

“小伙计，人家说万顺和五金行正缺一个管账的伙计，我看就去那儿吧。”

大掌柜的一片诚意打动了刘光启，刘光启为了糊口，也只好去那里暂时栖身了。

刘光启踏进万顺和五金行门，见到店堂倒不算小，可就少了点什么。“是什么呢？”刘光启问自己，“是少了他喜爱的字画。”他又不禁想起了鉴光阁。

“你认识字吗？”一个满脸横肉、戴着花镜的主事人开口问。听他的口气，刘光启就分辨出他准是老板。

“斗大的字，倒认识两口袋。”刘光启对老板问话很反感，也就随便回答。“拿我刘光启当文盲了，真是门缝里看人。”他心里想。

“写几个让我看看。”老板仍不放心，要动真格的，非要考考刘光启。

卅三年中秋悲鸿
任蒲学长惠教

刘光启心里更不痛快了，既然让写，那就写段苏东坡《前赤壁赋》吧。他抄起桌子上的白纸，随手掏出自己身上带的笔，一气呵成。只见一行行流利的字体出现在白纸上："壬戌之秋，七月既望，苏子与客泛舟游于赤壁之下。清风徐来，水波不兴。举酒属客，诵明月之诗，歌窈窕之章……"

刘光启停下笔，老板拿起来看了又看。

"你写的这是嘛行子？"老板拉长声喊道，看来他真是看不懂。

刘光启觉得可气又可笑，心里想：得，遇上一个"白痴"老板，我这是对牛弹琴啦。

老板将他带到后院的账房屋，从今天起，刘光启每天就要坐在窗口前记账了。第二天他正在翻着一摞账本来回看，他要熟悉这项工作。耳边传来一阵撒尿声，猛抬头，看见五金行里几个伙计正在小便。这一下，刘光启可就堵心了。

"这鬼地方太不文明了，堂堂的五金行怎么连个厕所也没有？"刘光启不耐烦了，他怎么能天天坐在这看人家撒尿呢？

转天，刘光启把自己头天来所写的《前赤壁赋》往口袋里一装，一甩袖子，离开了万顺和五金行。

鉴光阁大掌柜一见刘光启垂头丧气地回来了，问道："怎么不行了？"

"那老板都不知道苏东坡的《前赤壁赋》。"

"人家五金行又不是字画店，老板怎么会知道呢？傻小子。"大掌柜被刘光启的这句话弄得哭笑不得。后来刘光启也明白了，隔行如隔山，也不能强人所难。

刘光启的心事，大掌柜最了解了。刘光启就是离不开、放不下这字画行当。

于是，在一天晚上，大掌柜推心置腹地对刘光启说："光启，你放心吧，咱这行当将来会有你饭吃的。我已为你想好了一条路，到天津去吧，那儿有我一个朋友，他是开金石山房书画店的老板，听说那比咱这儿景气。"

一听天津卫，刘光启就不禁想起首饰作坊的情景，他不大愿意去天津，可一听有书画店，便将几年前痛苦的往事暂时一股脑儿地抛在后面。

"我给店老板写封信，你带着它。店老板叫王席珍，他见了我的信会答应收你为徒的。"大掌柜一番话说得刘光启激动了。他恨不得一下子飞到金石山房书画店，马上干上这老本行。

刘光启要离开大掌柜了，俩人都依依不舍，虽然彼此没有说什么，但是心里又有很多要说的话，这一老一少的情感都在不言中了。

刘光启告别了北京城，奔赴又一个他向往的地方——天津金石山房书画店。

第三章

1. 一批名画入毂来

1951年正是辛卯年，农历五月初三恰值阳历6月7日，此时一列从北京开出的火车正向天津疾驶而来。

热风透过车厢敞开的窗子钻进来，热乎乎的把人本来燥热的皮肤吹得更燥。窗外，麦子正熟，一片片被镰刀放倒的麦子泛着金黄。草帽下农民的脸看不清轮廓，但那脸上肯定藏着收割的喜悦。

“家里也正在割麦子。”刘光启突然想到家乡，冀县那个不起眼的乡村，父亲母亲那时常沉淀着忧郁的眼神。

呜——，火车进站了。天津车站到了，老龙头车站，似乎和五年前来的时候没有什么两样。

这是一座全国商埠中最早修建的火车站，始建于1886年，1888年8月28日正式通行第一列工程列车。似乎这“8”字给天津铁路带来了繁荣发展，官办商业兴盛在这九河下梢，煤炭往里运，港口商品往外运，铁路这根脉搏终于强有力地在这块本是七零八落的租界地上跳动起来。

这里他并不陌生,几年前曾到过火车站,那时衣衫褴褛的乞丐,满脸蛮野之气的兵痞,凸腹昂胸的外国大亨,于今都不见了。那穿着人民装的男女、戴着羊毛头巾的农民兄弟,艳阳天下来来往往。

天,确实变了,刘光启长舒了一口气。

前面是海河,天津几条河流似扇形汇聚到这里,再流入大沽口入海。前面是万国桥,粗大的钢梁、硕大的铆钉,黑黝黝的,把一条平展展、楼群林立的大道连接起来。这里曾悬挂着法英俄意奥多国的国旗,外国巡捕的大皮靴踩得这条金融街颤巍巍的……

刘光启快步走起来,七拐八拐,劝业场赫然立在眼前了。他绕到后面,这便是天祥商场,金石山房就坐落在这二楼上。一间很别致的门脸,靳云鹏书写的“金石山房”四字格外显眼。柜台前两个年轻人一个正在困盹儿,一个正与什么客人聊天。

刘光启怯生生地站在那儿,二人聊兴正浓:“听说城里一大姑娘怀孕,找江湖医生打胎,知道吗?这江湖佬说先得跟他有一腿,没想姑娘相好的知道了和他火并……”他猛然抬眼看见瘦骨伶仃夹着铺盖的刘光启,大概是他身上的长衫起了作用,他戛然止住话头,定定地瞅着来人。

刘光启赶忙拱手作揖:“有劳先生,我从北京琉璃厂鉴光阁来,找贵店掌柜王先生。”

“有无信函?”

“有。”刘光启忙从怀中掏出信递给对方,对方赶忙走进里间。不消一分钟,又出来,脸上漾着客气的笑意。

“掌柜的有请,有请。”刘光启一挑门帘走进里间屋。屋子不大,光线不佳,足有半分多钟,才发现对面一张木雕红木躺床上坐着一个五十开外的人,背头亮光光的,穿着绸布小褂,心想此人必是王掌柜了。王掌柜笑眯眯的一指左面的太师椅,问道:“傅掌柜可好?”

刘光启正要欠身坐下,听到问话急忙起身答道:“傅掌柜近来生意不太好,

准备兑了铺子回老家去，所以打发我来，在您老这儿讨碗饭吃。”

王掌柜依然笑眯眯的，不急不缓地说：“傅掌柜与我多年至交，我这儿的情况也不太妙，近来刚有些起色。不过事在人为，既然傅兄推荐你来，肯定锦心绣口非等闲之辈。”

说到这里他顿了一顿，随手从绢筒内抽出一幅轴画，打开半截突然又放回去，起身打开柜子，从里面捧出一只楠木匣子，打开木匣从里面拿出一个手卷。从包首看淡灰色的绢，轴心嵌着翠玉。随手展开，各色题跋、印章炫目晃眼，在绢签下角和隔水及正文本身处，跨钤朱文双龙圆印骑缝印，隔水前钤“御书”葫芦骑缝印，总之，一切披挂齐全，谁见了也会认定是一稀世奇珍。

王掌柜未及全部展开又卷起，两眼盯着刘光启的双眼，似乎从他的眼神中寻找什么。刘淡淡一笑说：“假的。”

“假的？上有项子京的收藏印，知道项子京吗？明代大收藏家咧。”

“正因为这印才是假。您老想，项子京一生收藏巨眼识宝，凡他认为‘真珍’二字的书画必钤印。此印一盖上就是盖棺定论，所以盖此章时必然是上上好的印泥，上上好的铺垫，不会轻易草率去盖。我看这印泥色赤而不朱，印泥薄而不实，由此章可以定论，此件必赝不真无疑。”

王掌柜原地未动，仔仔细细地打量起这个干瘦的年轻后生，心中暗自思忖：果不其然，从琉璃厂杀过来的，就像富连城班的角儿，来一个就能压轴挑大梁。不过他脸上未露声色，掸了掸裤褂，随手拿起茶几上的一只盖碗，呷了口茶，依然缓缓地说：“管它什么真假，既然你来了，你就真心实意跟我干。我肥了你也吃肉，我瘦了起码有你碗汤喝。你从今儿个起就住在铺子里，三顿饭柜上管，每月工钱20元。”

“哎，王掌柜，谢谢您呐。”刘光启屈身一躬到地，他没料到进金石山房会这般顺当。

天祥商场是与劝业场毗邻的一家商场，在天津属于商业繁华地的中心。天祥二楼以金石山房古玩店为主，这里还有一家挨一家的小商店小书肆，无论是书画古董、古书旧书洋书都聚集在这里。这里没有北京琉璃厂那么久远的历史，那么多京官皇族出入的气派，也没有遗老遗少们拿着稀世奇珍来去匆匆的身影。然而,天祥二楼却有它自身的特色。

在北京琉璃厂做惯了的刘光启，乍来到这天祥二楼觉得整天不见日头,不知黑天还是白天。不像琉璃厂前面是店堂,后面是“堆房”。不过还有一点不大一样,来到这儿他又成了小伙计。

这一天,从门外进来一位白发长髯的老者,看来者气宇轩昂的样子就知有些来头。刘光启见状,急忙拿出拂子往太师椅上掸了掸,手一伸,满脸是笑地说:“爷,您老早,请坐请坐。”

“哪？这位小兄弟看着面儿生,干嘛来的？从哪儿来的？”

刘光启见来人这样问话断定此人必是金石山房的常客,站定一揖恭恭敬敬地说:“学生从北京琉璃厂来,到这儿向王掌柜学艺来了,以后还请您老多多关照。”

老先生见他很会说话,不禁脸上堆下笑来:“小兄弟,从琉璃厂来,来头不小,这就像宋代的杨家将,就是一个烧火丫头杨排风也了不得。”

刘光启正要客气几句,王掌柜一步从外面迈进来,软声细气地说:“什么羊家牛家的。哎呀呀,王二爷,二爷二爷,今儿个嘛风把你老吹来了。”

老者起身一拱手道:“我正和这小兄弟攀道呢。琉璃厂过来的别小瞧。有一年我去琉璃厂荣宝斋,一个不大起眼的小伙计把我给问住了。”

王掌柜示意刘光启去沏茶,而后坐在右首太师椅上:“二爷别八公山上草木皆兵。这位是鉴光阁傅垲臣的伙计,二十郎当岁儿。北京这行业不景气了,打发到我这来了,人倒蛮勤快的。不过,我这日子也不好过,这年月,咱这碗饭越来越难咽了。唉。”

刘光启端着盖碗出来见王掌柜脸上漾出一丝淡淡的忧郁。王二爷接过盖碗呷了口茶:“你老兄东愁西愁,这铁观音够口儿,冲你这茶,也够你喝一阵子的了。”

王掌柜站起身,在不大的屋里踱着方步,一副颇为愁苦的样子,刘光启见状,小心翼翼地问:“王掌柜,我来的日子不少了,我总觉得咱这货源不足,没有打眼抓人的东西，就像巧婆娘做不来没米的饭，我看是不是咱下去到户里收点货上来。”

王掌柜两眼愣愣的未置可否，王二爷一听来了神儿，一捋袖口，说：“这位兄弟说的在行，不过这收书画不是闹着玩儿的，要是打了眼可就干瞪眼，弄不好一年白玩儿。你敢收字画去吗？”

刘光启迟疑了一下，说：“这里的厉害我知道，我们掌柜的前年在京城一个亲王家收了一张文徵明的手卷，谁也不承想王爷家也有假画，坑了我们掌柜一下子。”

王掌柜此时一屁股坐在雕木花台旁的红木杌凳上，缓缓地问王二爷：“我也好难，指我打里打外手大捂不过天来，我真想把光启点拨成块材料，给我卸卸载儿。”

王二爷一捋胡须，接过王掌柜递过来的纸烟，在茶盘上蹾了蹾，一指刘光启：“我今天考考你，若行，我介绍一家你去看货，保你赚大钱。”

刘光启垂手而立，微微一笑道：“我在门市上接的都是近百年的书画，唐宋的东西就不敢乱说了。”

王二爷从袖口抽出一把扇子递给刘光启。刘光启右手攥着扇柄，左手伸出食指，右手大拇指一捻打开扇子，洒金的一面是孟广慧写的隶书，反面是刘子久的青绿山水。看毕随手合上扇子，王二爷眼神定定地看着，刘光启说：“华孟严赵是天津四大书家，华世奎、孟广慧、严范孙、赵元礼，此四家认华七爷为名气最大，认严范老为学识最高，办学赈济名声尤佳……”

“好，说到严修，我倒有件事要问问你，这严修有两个你晓得吗？”王二爷似卖弄又似教授似的顿了一下。

刘光启想了想，随即摇了摇头。王二爷高兴了，摇头晃脑地说：“这两位严修不仅同名而且同庚。北严修乃咱卫里的范孙先生，南严修是一和尚，号为梅村和尚。一年北严修南游遇梅村和尚，二人情投意合相谈甚契。是年秋，逢梅村生日范孙先生乃作长诗，末尾一句是‘寿师实自寿，严修寿严修’。哈哈哈。”

说到得意处，王二爷兀自大笑，很是自得，王掌柜问道：“二爷，这些闲情逸事何处所闻？”“你没读过严智怡的《同甲吟草》吗？都在上面写着了。小老弟，告诉你一个诀窍，看画最后看的是一个学问，从无字处无画处看出东西来，这就叫学问。”

王掌柜一摆手呵呵一笑道：“谁不知道天津卫有个王大学问王二爷。这块地儿不是燕京北洋大学府，还得说买卖二字，您老刚说介绍一家卖主给我们伙计……”

“我不怕别的，就怕他啃不动，你这拿不下来。你知道泰安道吧，墙子河这边，有一户姓李的人家，以前上马提金下马提银的，最近听说要出手一些东西，你要吃他下来，保你开张吃三年……”

王二爷越说越高兴，刘光启手中暖瓶里的水竟让他给喝光了，临走用扇子骨敲敲刘光启的头，喜滋滋地说：“小伙子，行，能在北京说出咱天津的华孟严赵，不简单，不简单。”说罢，嘴哼着“我站在城楼上观山景”，一步三摇地又向天祥的另一家店铺走去。

第二天一大早，刘光启从枕头下拿出来王掌柜昨晚给的100元钱，揣在怀里，套上长衫，走出天祥二楼。时值仲秋，早晚的风凉凉的，吹在脸上有潮乎乎的感觉，不像北京不下雨空气燥得冒烟，一下雨满地是泥。

刘光启的确无心观街景，尽管沿街叫卖切糕、棒槌馃子、小笼包子的吆喝声此起彼伏，他只觉得胸口像堵住了什么，一点也咽不下。虽然在北京也曾到一些王爷家看画取画，但像此次怀里揣着钱自家去买画还是第一次。

泰安道以前是英国租界地，小洋楼一座接一座的，大多数大门紧闭，街头阒无一人，本来很清静的街道更显得冷落，颇有些凄清之气。

刘光启拿出王二爷写的介绍信，对照着门牌号码，来到一座高台阶前，楼门外的台阶几棵败草显出“门前冷落车马稀”的衰颓，门前那高大的门灯柱显示出主人曾有过的显赫。刘光启装好这封“光启仁弟于书画一道阅历深邃经验广博不可小觑”云云的信，伸手揿响了门铃。

工夫不大，门上打开一扇小窗，一个老妇上下看了半晌，问了半天勉勉强强地开了门，进楼门七拐八拐地来到了一间半明不暗的大房间，太师椅上端坐一位穿着蓝缎子坎肩的老者,不错眼珠地瞅着走进来的瘦刮刮的后生。

秋天了,老者手里拿着把折扇,折好又打开,打开又合上,如此三四次才慢腾腾地问:“你来买画,耳朵鼻子都够长的。我这不是年画摊,更不是破烂市。你懂吗？这是国画,这画怎么打开知道吗？”

刘光启本想递上那封信,一看对方矜慢的态度又停住手,眨着小眼睛道:“这学无止境,活到老学到老谁敢说学得登峰造极了。您老若有想卖的画,让我看看就是了,我看不懂时一定请教。”

老者面色有些缓和,在柜子上拿起一布套,从内中抽出一轴画,边打边说:“想不到年纪轻轻的挺会说,我也别让你白跑一趟,回去也好向掌柜的交差。看见了吗？这人叫王原祁,回去告诉你们掌柜的就行了。”说完又将画收起。

就在打开画的这几秒钟工夫,刘光启眼睛闪了几闪,这是绢本二四尺山水,用色习惯构图特点均系王原祁风格,是张鲜见的精品。刘光启站定并未挪动半步,老者见状揶揄道:“知道这是谁吗？你若说出来,我把画白……”

刘光启知道对方要说什么,拦住话头说:“你老就说价钱吧,合适我买不就结了？”老者略一迟疑,伸出巴掌晃了晃,刘光启不示弱,马上跟了一句:“48元,行,我就拿。”

老者说:“你要主得了就这样。有一节说在前头,反悔可不行。”刘光启心说,我要说明清初四王吴恽,这王原祁本是康熙进士供奉内廷,充书画谱馆总裁,这笔买卖未必成交。一切交接完毕,老者似乎很满意,笑眯眯地瞅着刘光启。刘见状说:“我想拉个主顾,想买您老的收藏,不知以后还让我来吗？”

老者笑了:“你尽管来,我这儿的东西能车载斗量,就怕你没那么高的眼力那么大的胃口。你随时来我准有东西卖给你。”

“一言为定。”

刘光启没想到这幅画竟使自己掌柜的这么亢奋。他俯在光启耳根上说:“别让你师兄知道,一会儿咱去吃曹记驴肉,顺便喝两盅。”

坐在这不大的店堂内,一盘炖得通红的驴肉冒着香气,一盘花生米、一盘羊杂碎,一看刘光启不喝酒,王掌柜自斟自酌起来,几杯酒下肚话多了起来,长叹

一口气道："光启，这些年我就想物色一个徒弟。咱这行当卖的就是一双眼，你有眼吃香喝辣赚大钱，你没眼就扎脖子喝西北风。这年月难干，趁落儿的一宿的工夫都成了穷光蛋，都想卖不想买，咱收东西哪有这么多资金，唉，难呀。"

刘光启见他一饮而尽，急忙又端起锡壶给他倒满杯，王掌柜抓把花生米送进嘴里，说："说句掏心窝子话，打见你头天我就知道将来这行当里有你小子一碗饭。你瘦瘦刮刮，外表憨厚，最宜做买画生意。你年轻，人家不防你，比我出马强十倍，明儿个你再去泰安道那家，带300块钱，多多的买。"

月钩偷偷地爬上天，正巧倒挂在劝业场的楼尖上，几颗星星与昏黄的路灯混在一起，刘光启搀扶掌柜的来到街上，叫过路边的黄包车……

2. 遗老遗少话悲酸

光阴荏苒，不觉晚秋已过初冬又至，上个世纪的五十年代初，国家为收集散落民间的文物，在北京北海公园的团城建立了文物事业管理局。刘光启从泰安道连续买旧字画，每次都拉走一三轮车，从中择优送交团城，每次利润均在千元以上。

金石山房的生意火暴了，两位师兄见此地已非落脚之处，一个去了工厂，一个回家种地了。

西伯利亚的冷空气提早光临津门了，店堂尚无炉火，往日高朋满座的店堂突然冷清起来。刘光启像往常一样，又拿起《画史汇传》逐一背起来。

"喂，小先生，忙着咧。"

刘光启察觉有人同自己讲话，抬头看见眼面儿前立着一个棉衣臃肿的老太太。从老太太溜光的鬓发和白净的面庞上可以发现，这位老太太年轻时是个俊俏的女子。见老妇人来到金石山房，刘光启忽然下意识地闪出这么个感觉，她肯定有东西要出手。连忙客气地迎出柜台，用掸子掸掸那溜滑锃亮的头号大太师椅，又放上个软缎垫儿，笑着说："老人家，大冷的天，赶紧坐下，我沏茶给您老。"

老太太很高兴，说："我打营口来，回山东老家，盘缠不富裕了，想起身上有个纸片片，不知你们要不？”

刘光启证实了自己的判断也顿时来了精气神儿，急忙说：“这得先看看东西才好说，隔山买老牛……”

老太太坐定，左手伸到腋下解开大襟的扣子，从裤腰下的一个口袋里摸出一张白里泛黄的纸，一大块油渍沾在纸上，将里面的朱色印章透出来。刘光启慢慢地打开纸，一下子愣住了——

一方宋徽宗的双龙玺倏地跃入眼帘，一尺见方不到的纸上写着古朴端庄的字，浓厚的书卷气只有书画行家嗅得到，通篇百余字，又钤有收藏章三十几方，都是典籍知名的大收藏家。只见在纸的左下端签着一个名字——“仲淹”二字。

谁没读过《岳阳楼记》呢？谁不知道这位北宋的大政治家呢？但谁亲眼见过这位范文正公的信札和书法呢？刘光启自己在问自己，你认识范仲淹的字吗？屁，谁都不认识，但这些历代收藏章分明在告诉你，这是件流传有绪的珍品；从那典雅畅美的书法看，这绝非一般文字功底的人所模仿得了的。这种东西是几十年碰不上的，就像哈雷彗星，一生很难再遇。

刘光启小眼睛此时闭上了，他不敢再看，再看恐怕就要放出光、射出火，自己非站到柜台上三呼万岁。他使劲地拧自己的臀部，让疼痛压倒心头的狂喜。

老太太见他似笑非笑，眼睛似睁非睁，右手一个劲地摸屁股，一时给闹蒙了，疑疑惑惑地问：“小先生，这纸片怎么让你魔怔了？”

刘光启使劲睁开眼，顺手把纸片放在茶几上，掌柜的早就教过他生意诀，买古董时要不露声色，否则就要付表情费。正所谓如意时眼神莫贪、想买时勿要伸手，买东而问西，装傻充愣装黄梨。刘光启摇摇头，一指那块油渍：“本来我想买，可这块油就不行了。”

说完赶紧用眼瞅老太太，若对方想拿走立刻就要拦住，若解释说明有心出手。老太太闻此言，一拍大腿直摇头：“我从东北坐火车，在山海关买了个馃子饼，怕油手用它垫了垫，要知这样我直接用手拿着咬不就完了，唉！”

刘光启知道买卖要成，但一定不要心急，就像钓到大鱼，谁若马上往上拽，鱼跑了不说还得竿折钩掉赔上线。刘光启给老太太沏上茶，问：“这纸片子是怎么来的？是拾的是人送的还是家里的？”

老太太端起茶杯，稀稀溜溜地一阵，忧郁的愁容堆积在面颊上，说：“我叫余春子，我的男人……”她突然止住话头，四下瞅了瞅，警觉地说：“小先生，少说这个，眼下解放了，我那男人死了，临死说让我回老家用它换盘缠……”

刘光启似乎明白了什么，不再追问了，又岔开话题闲扯了一阵营口冷天津凉的闲话，最后言归正传，老太太长叹一口气道：“咱不敢说以前下人老妈儿成群的时候了，这个纸片片只要把我送回老家就行了，人生一世，草木一秋，钱，害人精啊！”

老太太眼里泛着泪花，刘光启眼圈不由得一热，动情地说：“老太太，我一月40元的饷钱，上有老人也帮不了您老，我收下您这纸片片，不过，这几日柜上也紧，我给您凑一凑。”

这的确是真话，柜上基本是个空架子，完全靠现炒现卖，然而赚的钱立刻又要拿走，掌柜的两房家眷十二个子女都要吃饭呀。刘光启翻遍柜台只有不多的钱，又从另外两家店借了点钱，大略点了点全都递给了余春子老太太。

老太太着实感动了，她不可能知道这张纸片片是价值连城的宝贝，是一件难得的稀世珍宝，是国家一级文物，日后会高居国家最高收藏机构故宫博物院中。老太太颤巍巍地接过钱，声音有些哽咽了：“小先生，我得谢谢你。我们全家都谢谢你，我家住营口市东西房……还有几件东西，你若认为有用处，就拿来吧。”

老太太走了，那皱巴巴的棉衣裤，那风韵犹在脸上的面庞久久在刘光启眼前晃动。

傍晚时分，王掌柜见到了这件书札，兴奋得脸泛红光，拍着刘光启的肩膀：“你可以出师了，这又是一笔大生意，好兆头呀。”

他在屋里踱着方步，突然一拍脑门儿道：“光启，最近市里开会，要让我们古董店注意收集文物，好的一定要交给国家，咱们一定不能忘记国家给我们的恩泽。你明天立即去北平，不，去北京，交给团城，再说还能赚笔钱。”

果不其然，这件藏品国家以千元高价收购了。

1953年，作为珍贵的“尹师鲁二帖”之一的范仲淹书札终于与另一帖破镜重圆而成完璧，有谁知道，它这珍贵神秘的流传中有此颇为曲折的一笔，是应该惊喜呢？还是应该慨叹呢？

三十年后刘光启终于在故宫又见到了这件珍品，当他在展柜外寻觅当年那块油渍时却遍寻不着，他猛然发觉这是一件复制品。是的，作为真迹的原件早已被束之高阁了。

天津，作为一个水陆交通要道、京畿门户确实有它自身的特色。天津地处九河下梢，河道不像运河般笔直，而是随地形蛇形斗转，道路依河而行，构成了天津街道的欹斜之势。自从丧权辱国的《天津条约》、《北京条约》签订之后，英、法、美、俄、德、日、意、比、奥九国列强夺取租界，构成了人们习惯称呼的英国地、法国地。在这租界中还构成了津门的另一“景观”：北京的达官显贵，宦海沉浮，一旦不如意的时候立刻隐居天津避身租界。诸如袁世凯、曹锟、黎元洪、张勋、段祺瑞、陈曾寿一大批军阀和遗老遗少寓居天津租界。大批的钱财一部分购置了古玩字画，以此附庸风雅，这样就使得一大批这样的后裔手中存有珍贵字画。正如古玩行中所说，天津的珍玩奇品如海河水淘不干挖不尽。这一点，刘光启深深体验过的。可是，在一些收藏人中也不乏上当受骗者。

这一天，刘光启上午穿戴齐整，准备去南市一家看东西。昨傍黑天来了个老太太，说让掌柜的看字画，这种差事当然是刘光启去了。

南市，是旧天津游艺聚居之地，戏院、影院、茶楼、舞场、妓院，可谓是“三步一楼，五步一阁”，如当时有名的大舞台、庆云大舞台、升平舞台、群英大舞台等均在这里，至于一般的曲艺、评书书场更是举步皆是，不愧为津门一大繁华去处。入夜，可谓笙歌不断，笑声不断。然而，上午，这里似乎是夤夜，尚在沉睡梦乡。

刘光启不费力地找到这户人家，屋子中黑漆漆的摆设让人觉得异常沉闷。一位五十岁上下的人蓄着黑森森的八字胡，坐在一张藤椅上，表情很不耐烦，一挥手道：“你来买画？去去去，找你爸爸来。”

刘光启并未动，不卑不亢地说：“我爸爸在家种地呢。我知道你老这东西不少，是你请我来的，要不谁大早起跑这么远的道挨你老的狗屁呲……”

那人并未觉得冒犯他，反而嘿嘿一笑："好，就让你开开眼。"说着拿出一捆画轴放在八仙桌上。刘光启逐一打开，发现大部分是山西捯、后门捯，于是告诉对方说都是假的。那人像是被蝎子螫了似的跳将起来，眼瞪得如铃铛，咬牙切齿地说："我忙活了半辈子，全是假的？姥姥！你说，什么是真的，妈拉个巴子。"

刘光启接触的这些人大都是斯斯文文的，这人倒像《儒林外史》中的胡屠户，他一时不知怎样才好竟怔住了。那人依然不依不饶骂骂咧咧。刘光启稳住了神又道："你再拿好的吧，把你压箱子底儿的拿出来。"

"我这有唐伯虎、郎世宁，你拿得动吗？"听到这话，刘光启更加泰然了，因为无论走到哪里，都会听到这几个熟悉的名头，而十个有十个是假的。且不论明代的唐伯虎，就是近代的郎世宁，他是宫廷御画家，题材绝大多数是为皇上、亲王们画像，何曾有其他题材作品流出宫外？至于什么张飞、岳飞墨宝、诸葛亮真迹更是一些画商们造假骗人的。这些不便明说，刘光启只是说如有东西再看看。

那人极不情愿地又拿出几张画，一张王翚王石谷的《晚梧秋影图》吸引了他，这位被后人尊为画圣的王翚是清代大画家，上面有恽南田的题诗。恽南田与王石谷同庚，然恽寿仅得五十八岁，而王石谷寿享八十九。二人甚为投契，世上石谷之画很多有恽氏题诗，在王翚著的《清晖画跋》中，曾提到"南田殁且二十年，览其遗墨一题再题"。刘光启不动声色地一指这轴画："我也别白来，就买这张吧。"

那人确实是个爽快人，颇为侠义地说："别的都真，只此画有人看假，你偏偏挑中了这幅，哈哈哈。"

刘光启没有笑，很客气地说："你老这画我确实看不懂，你老何不去北京北海团城，那里不仅给掌眼还收购，何不让专家们去鉴定一下？这幅王石谷的画咱谈妥价钱，无论真假，你老回来必须给我。"

"好，就这样，谁反悔谁就是乌龟王八蛋！"

三天后，刘光启正在翻弄刚收进的几张翰林字，突然有人重重地一拍他的肩膀，着实吓了他一大跳。还未缓过神来，一张字画放在柜台上，题签"王石谷《晚梧秋影图》"，"你小子还真有眼力，没想到你他妈的蒙准了，就这一张是王石谷早年画，剩下的全是假的，奶奶的，王六儿这小子坑苦了我了。这笔账得算，拿我当傻子。”

没容刘光启说话，此人一推《晚梧秋影图》又嚷嚷起来：“冲你这一手，这画送你了，货卖识家、剑赠英雄，我算服你这年轻人了，回见吧。”

等刘光启回过味儿来那人已走出店堂，刘光启心头一热，拿起钱追了出去……

3. 喜爱书画的众生相

天祥二楼堪与北京的琉璃厂媲美，在文物古董行中，在知识分子群里，在五行八作里，有谁不知道天祥二楼呢？在那时常来光顾的有许姬传，还有夏山楼主韩慎先，北京的四大少爷之一。那时梅兰芳、程砚秋、尚小云也时而光顾，坐在金石山房中有时大侃戏剧。那一日，正是盛夏，街上被太阳蒸晒得热浪逼人，金石山房中却荫凉得很，夏山楼主拿着把麋鹿竹扇骨的折扇一步三摇地走了进来，喊刘光启：“喂，小伙计，又进好东西了吗？”

这一年中，刘光启在五大道和城里一带连续收购旧字画，每次都是一三轮车，有个七八十件。每次回来，众人一哄而上，各择各人喜爱的。当时掌柜的认为书画现炒现卖不占资金最好。经过一个阶段也确实赚了一些钱，然而对于一些确实罕见的精品这么轻而易举地卖掉实在可惜，于是每当拉回字画，他总是藏起三五件，等到夜深人静时独自揣摩，不仅过了“画瘾”，同时也暗自记下作品的特征，若遇到有疑惑之处，待这些人来闲坐时再问。听到夏山楼主问，刘光启忙答：“有件东西，看不大明白，掌柜的说假，我可是按真的买的。特地等您老韩先生呢。”

一听有画看，夏山楼主乐了，这二年，他大都靠为人说戏维持生计，其人唱谭派虽未下海，于京剧一道尤精，时不时地在金石山房给人说戏，在书画鉴定上也十分精当老到。刘光启便时常就地请教，对这位好脾气、爱请教的年轻后生夏山楼主另眼相看，偏爱有加。他一捻手指打开手中的扇子，说：“我先考考你吧，

富貴長壽

这扇子上的两个名头知道吗？”

这时正在里间闲坐的王掌柜听到说话声，一挑门帘走了出来，也凑过来看。刘光启见扇面是两个戏剧人物，在扇面右角有“畹华”二字，背面是一首绝句，字体端庄且秀美。光启抿嘴一笑道：“这不是梅先生的画宝吗。时常打头碰面的，还真没亲眼见过梅先生画。”

夏山楼主神秘地一笑道：“告诉你吧，梅兰芳的书画大都是代笔的。许姬传曾说，能有梅先生真迹的不多，我这把扇子却是千真万确的，当时画此扇的时候我就在旁边站着。梅先生说，人物画他是轻易不画的。”

刘光启此时捧出一本小册页来，这是前几日买的石涛册页。这本册页共十二帧，四五寸高，上面画的是山水，从一些笔法上看，确实有不大像石涛之处，无怪乎王掌柜看假，为此刘光启亦觉忐忑不安。夏山楼主端详了好一阵，终于一拍大腿：“好，真的石涛。”

王掌柜说：“韩先生，我见过几张石涛，总觉得这种画法不对劲。既然你说真，我原价卖给你，让你赚把钱如何？”

夏山楼主与王掌柜至交好友，无话不谈，见如此说苦笑道：“若是前几年，别说这一本，再来十本我说买就买，如今可是人穷气短喽。我也正没饭了，你明儿个让刘老弟去趟北海团城，卖给文物管理局。若是真的肯定高价收购，若假必然不收。反正收了证明我正确，你管我一个月的饭就结了。”

刘光启仔细看着这本石涛册页，问：“韩先生，我越看越觉得不对劲，还是我们掌柜的对，要是今天碰上它，我肯定不买了。”

夏山楼主嘿然一笑，潇洒地合上扇子，指着这册页说：“石涛画山水远则承汉代石刻绘画，近则宗明代陈老莲、沈石田，其特有的点苔点叶之法十分独特，石涛曾专讲这‘点法’。其言‘点有风雪雨晴四时得宜点，有反正阴阳衬贴点，有夹水夹墨一气混杂点，有含苞藻丝缨络连牵点，有空空阔阔干燥没味点，有有墨无墨飞白如烟点，有如胶似漆邋遢透明点。更有两点未肯向学人道破——有没天没地当头劈面点，有千岩万壑明净无一点。’这些正是‘法无定相，气概成章’。”

“法无定相，气概成章”，刘光启咀嚼着这八个字，突然大脑中蓦地一亮。大画家正如诗中的“大象无形”，也如兵法中的“兵无常势”，都通过一种特有气概表现出来。如云之氤氲、如雾之朦胧，似气之运行、似禅之入定，都不是一种具象，是一种流动但又有各自气概的美，观画的道理不也正是在无定相中寻气概吗？刘光启乐得又要跳脚，急忙用手拧自己的臀部，心里告诫说：“先生面前不可失态，一定要稳重。”

王掌柜闻此言直拍手：“难得你出口成章过目成诵，且诵读得抑扬有趣。这样吧，甭管它真假，咱先到鸭子楼吃顿烤鸭。”

果不其然，翌日刘光启赴京团城，文物事业管理局按真品收价，当时给了人民币三百元整。当然了，夏山楼主也就从此每晚来金石山房与王掌柜一同进餐喽。

扇子是书画艺术的栖身地之一，作为古董行扇子的收购必不可少，好扇子可以随身把玩随时可展示于人，所以，任何书画家于扇面之上也是争奇思斗巧技。刘光启久闻津门有一扇子收藏大户，在北京琉璃厂鉴光阁学徒时，就曾听掌柜的讲鉴光阁领东（相当于董事长）张先生即藏明清以降扇面、成扇四千余个。于是，择了个天晴日朗的下午，刘光启径自来到张先生寓所，准备购几把扇子。

这是一所欧式小洋楼，造型严谨且典雅，门前庭院虽有萧条之象，但毕竟清洁齐整。刘光启说明来意被请进屋，客厅里老式沙发前一个玻璃茶几，一个仆人模样的妇女倒了杯咖啡，又放了两块糖，退出去了。对面转椅上张先生穿戴齐整手里放着支粗粗的雪茄，问道：“请问，你在这行里走过不少家吧……”

显然对方不大情愿让这么个毛头小伙儿挑三拣四的，刘光启知道对方用意，慢声细语地说：“这个行当我干了几年，先在琉璃厂，给石驸马大街的王爷们送过字画，到张伯驹先生家看过东西；在咱天津卫前几年去过靳云鹏家。”

“噢，四川路八号的靳总理家，知道吗，当年徐世昌当总统的时候，他任总理。”

“听说过，这位靳先生是山东济宁人，我见他的时候已经很老了，白胡子，指甲足有半尺多长。那次是拿一幅画去卖，他看了很满意，用手指一碰舌头，回手撕下张月份牌写上钱数。听差的说,靳总理的支票就是这月份牌,拿到银号准给你钱。果不其然是这样。"刘光启一口气说完这段轶事。

张先生似乎满意了,起身领他上楼,这是一间足有六十平方米的大房子,侧面放着一对黄花梨雕花大柜,打开大柜里面分出许多小格子,格子里置放锦套和楠木盒,盒子里面存放的才是扇子。

走近细看,格子上恭楷写着"明代文沈唐仇"、"清代四王"等等。这时仆人从外递进雪白的湿毛巾,让两人擦擦手,随后将一块白毡子铺在一个乌木的龙案之上,随后又将一块绿平绒放在毡子上。张先生自己戴上白手套,又递给刘光启一副,刘光启急忙戴上。

从柜子的右上方拿下一个楠木盒子,上面刻着六个篆字"清玩草堂珍藏",又有一行楷书字"吴待秋山水箑"。打开盒子,里面用红锦缎隔开两把扇子,一个是凤眼竹扇骨,一个是名刻工张志鱼刻的山水扇骨,未等打开扇面,刘光启就明白这是两个扇面精品。

张先生十分客气,在客厅内又攀谈起来,他吐着烟咳嗽了一声,颇为伤感地说:"这些东西是几代人的心血、血汗换来的,若卖了确实愧对列祖列宗,可又是没办法的事。近来北京经常来人挑,再过些时候怕是没什么好东西喽。"

刘光启走出这所楼房,定住身回眸看去,这所小楼在夕阳下镶金嵌红更加秀丽。的确,古董一行就是在这兴兴衰衰的夹缝中生存。一个家族兴盛了,就要花大价钱买古董以将文雅家风展示给世人;一个家族衰败了,这些后裔们就要变卖这些古董用以糊口维持生计。古董商们恰恰在这一出一进之间创造了利润。

夕阳如火,把人的身影拉得老长老长,冷冷清清的街道上只有他一个人。

4. 兴兴衰衰京津地

城市的兴隆、经济的发达常常使它总有一两处古玩中心,聚居的文物、旧玩形成一个城市的古玩业。在上海有古玩市场,在南京有夫子庙,在山东济南有大、小布政司街,在北京有琉璃厂,在天津的三大商场一带有古玩商店。

北京的琉璃厂，对刘光启来说是颇有感情的，在那里他整整待了八年，是他一生鉴定字画的奠基处。在那条不算短的街上，路面上不知铺了多少层他的脚印。这本来是琉璃厂生产琉璃瓦的地方，可18世纪竟在旧址上形成了一条文化街。当他20世纪四十年代来到这里的时候，琉璃厂已不是它的全盛时期了。多少达官显宦、学者商贾来到这里。刘光启曾记得一本书上记载了翁方纲的一段话，诸臣午后归寓，各以所校阅某书应考某典，详列书目，至琉璃厂书肆访之。在那时，他曾经在鉴光阁遇到当时燕京大学校长陆志伟，学者陈梦家，画家徐悲鸿以及名医施今墨。这些人都爱无事来此小坐，聊些闲逸话题。记得陆校长对刘光启的博闻强记十分赏识，对掌柜的说："让他跟我学英文吧。"掌柜的有他的道理："学我们这行吃穿不愁，眼力好吃香喝辣穿绸戴金，眼孬的也能混个饱肚子，还是学这行吧。"

鉴光阁掌柜毕竟没能永远地吃这碗饭，而刘光启却来到天津，继续吃这碗古董饭。

天津是个十分奇特的地方，在民国初年至建国初期的五十年间，古玩业可谓几盛几衰。而且这个行业如同局势的晴雨表，哪里兴盛，哪里的古玩业就繁荣，富豪大贾云集，哪里衰落了，哪里的古玩业也就破落衰败了。古玩业恰如风水术中"乘气、聚气、顺气、界气"，它走到哪里，哪里就吉祥财盛。例如民国初年，天津最早在北门外形成商业中心，东西向的估衣街、锅店街、侯家后大街、洋货街、竹竿巷、针市街等商铺林立，这些都似辅翼，而真正热闹的当数北门外大街，两旁的百货、鞋帽、杂货、海味店户挨户、家挨家。于是乎，与之毗邻的宫南、宫北大街和城厢一带就形成"三步一官署，五步一衙门"的格局。正因为此地的繁华，天津著名的富户"八大家"、财阀、名流均居住在这一带，于是乎，古玩业开始跻身于斯、兴盛于斯。

在估衣街、锅店街、北门里和东马路一带，分布有大小古玩店七八十家。这些古玩店的规模大小不等，大户不仅资本雄厚，确实也有些珠宝翠玉书画的"亮货"。如锅店街的万昌古玩店，北门里的福兴成等都是当时天津数一数二的大户。此间也确实有小门小户的古玩店，两间房划出一间做铺面，掌柜的、伙计均是一个人，前店后家，倒也火爆。

然而，此外还有三家洋行经营古玩珠宝，这就是怡和洋行、太古洋行、三井洋行。在当时确实收购不少奇珍异宝再回本国，赚了大钱。

进入20世纪二十年代之后，天津局势发生变化，连年的军阀混战，动荡不安，直接影响了人心的稳定，城里的居民失去了安全感，尤其是富庶之家更觉惶恐，于是有财有势的纷纷迁入租界地居住。陡然间，这一带的古玩店失去了财产的依托，成了无源之水、无本之木。于是，这里的古玩店纷纷歇业，开始寻找下一个古玩业的“风水宝地”。

天津有个叫“大罗天”的地方，于今这里已找不到当年的蛛丝马迹了。当年大罗天是一片荒地，后有人效仿上海大世界游艺场盖了两个简陋的影剧院，起名叫大罗天游艺场。里面每逢夜晚上至官僚政客，下至地痞流氓，乃至野妓一并至此，游人如织通宵达旦。当时搬进租界的寓公们来此销魂游乐，甚至有这样的俗话流传：“进过大罗天，死了也不冤。”

1925年，租界外的古玩店有的继续营业无非苟延残喘，日渐萧条。于是有人倡议在大罗天开办一次古玩展销会，很快得到响应。于是乎，日本当局为了繁荣这块日租界极力支持，报纸广告也大肆宣传。在这种情况下，大批古玩商将多年积存的货底搬运到会场。一时间，大罗天形成了空前的古玩大展卖。为古玩业从城北的南移奠定了一个基础。

当时正是民国十四年(1925年)，直隶总督李景林与冯玉祥开战，而后北京天津交通中断，住在租界的寓公们不敢走出租界，恰似笼中之鸟。大罗天的古玩展卖正如开笼放鸟般让这些人有了消遣的去处，一时间，大罗天成了万首攒聚之地。

大凡人有了钱都要享受的，一种享受是将钱消费掉，诸如吃喝嫖赌，这种消费是将钱花掉；另一种享受是置房买家产玩古董，这种消费虽也花了钱但换来的是物质。一些有钱人酒足饭饱之余，古董便成了备受青睐的东西。玩古董是一种大消费，一件有价值的古董常使人倾家荡产，但对于有的人来说，却也成癖上瘾。大罗天古玩展卖恰恰迎合了这些人的心理，故而盛况空前。

当时的军阀陈光远、靳云鹏、杨以德，迁至租界中的清室遗老，以及民国新贵们闻风而来。古玩行从来是优劣混杂、真假参半的，一时间拥来这么多人“抢购”，可谓千载一时之良机。旧东西、好古玩从来就少，于是以新做旧、以假充真比比皆是，什么油炸旧玉、炝绿翡翠、潍县铜器、玻璃宝石、景德镇仿制的古月轩，统统搬了上来。

一件北京后门新造的郎世宁画，若在以前一般店铺中，稍有常识的人就知道这是“后门捯”，即使买也按新画的价格。然而，此时人们像是中了魔，以高出平时十几倍的价格买到手。一位督军买了几件宝瓶，瓶底的御制年号赫然在目；有的选购古鼎，铜绿隐隐如获至宝。时间不长，各店积压的底货一销而空，不得不四处张罗货源，竟炒得一时“洛阳纸贵”。

然而，一年后局势好转，北京古玩大量流入天津，许多人待冷静后请人鉴定买回的古玩，竟大多是赝品。虽然如此，却还是奠定了大罗天古玩业在天津的中心地位，至此，大罗天古玩商场建立。

1931 年“九·一八事变”之后，日租界形势开始紧张，一些人迁往英法租界，大罗天古玩业难以为继，至 1944 年大罗天古玩商场寿终正寝，此时古玩中心在泰康、天祥和劝业三大商场慢慢聚合，终于成为新的中心替代了大罗天。

刘光启正在此时，从北京来到天津天祥二楼金石山房继续他的书画生涯。此时的法租地劝业场一带不仅成为天津最繁华的地区，古玩业也空前兴盛，从以下这些铺面中，我们可以证明到这一点：

劝业场二楼古玩店：萃文斋、端增源珠宝店；

劝业场三楼古玩店：培生斋字画店、纯明山房古玩房、藻玉堂旧书店、解耀东钱币店、复兴古玩鼻烟店、天利象牙器皿店、集粹馆古玩店、容宝古玩店、俊久斋杂项店、益泰象牙店、篗箫馆字画店、聚宝恒古玩店、致古斋古玩店、珍宝斋珠宝店等，另外还有个人摆的十数个古玩摊；

天祥商场古玩店：一楼鲁丰珠宝店、效珍斋古玩店，二楼有金石山房字画店，三楼鉴古斋裱画店；

泰康商场古玩店：一楼崇记珠宝店，春生祥古玩店，二楼彝古斋字画店、利元古玩店、文华斋书画店、聚昌源珠宝店、福顺诚珠宝店、德昌厚珠宝店、李季元珠宝店、谊文斋裱画店、集粹山房、国华社等。

天津古玩业以此为中心辐射全市。在建国前夕，物价飞涨，当时米价昂贵，古玩经销陷入困窘之中，一时之盛的三大商场古玩业也露出下世光景，一些店铺倒闭，一些掌柜或改做他业，或回家种地。

建国后，人心稳定，一些大户开始坐吃山空卖古董，1956 年，金石山房在陈叔通及有关部门的帮助下，收进了当时一件珍贵的文物赵孟頫所书《大洞玉经卷》。

1956 年公私合营开始，元月中旬天津市人民委员会发出通知，进行清产核资，采取“公方领导、资方负责、职工协助”的原则。至 2 月 8 日，国务院通过了有关公私合营的三项规定，这项工作进展很快，金石山房公私合营了，那时刘光启已加入共青团。劝业场等商场内古玩店“军阀割据”的局面消失了，国家统管了古玩业。1960 年，市里决定将古玩行业隶属文化局，与商场脱离关系，并开始物色文物商店新址。

那时，刘光启任古玩珠宝组大组长，同有关领导一起先后选了兴业银行、阿兴市场一楼，最后定址在百货售品所，即当今坐落在辽宁路 161 号的文物公司，著名的艺林阁就这样出现在津门。从此，周家一统文物天下的格局形成。

第四章

1. 有一个常来看画的姑娘

刘光启到了天津后，这时他已经十八九岁了。个子长高了，虽然还是瘦瘦的，但一看就是十足的小伙子模样了。

金石山房书画店，自打有了刘光启，显得有了些朝气。刘光启总爱穿浅色的上衣，虽然布料质地一般化，但十分干净利落。他很勤快，到这里来的顾客无不夸他聪明伶俐，精明强干。

他更加成熟了，正是朝气蓬勃、风华正茂的时期。到书画店工作，更喜爱学习。谁讲个历史故事、考古知识、名人轶事，他都竖起耳朵一字不落地听下去。

有一次，听一位常到这儿来的教书先生说："光启，你还年轻，路还很长，多学习呀，将来都用得上。"刘光启就爱听这样的良言相告。

这一年，他报名上了天津河东文化学校补习班。

班里几十个学员，都是刚参加工作不久的年轻人。那年头，人的观念变得真快，尤其大姑娘们再也不是大门不出二门不迈、深锁闺中的小姐了。

刘光启脑子一直很快。一次，代数老师出卷子考试。分数公布后，刘光启一下子成了全班“数学才子”。

“刘光启。”代数老师点名了。

“到。”

“你要多帮助其他同学。”代数老师在全班学员面前带有几分称赞和信任的口气郑重说道。

刘光启不好意思地摸摸自己的后脑勺儿，只好应允了。

每天下班后，刘光启总要早早来到这里上课。他一心想把补习课学得更好。这天他刚坐到椅子上，准备打开书看看今天老师要讲的新课内容时，无意中发现有一位比他来得还早的同学。定神一看，原来是坐在前面的一位女同学。

这位女同学梳着长长的大辫子，黑亮的头发，白净的脸庞，十分秀气。她坐在前面的位子上，却能通过声音辨认出是刘光启来了。

刘光启不声不响低头看书。

“刘光启，你每天来得够早的。”大辫子女同学转过脸来，主动搭讪着。

“嗯。”刘光启应了一声，继续看书。

两节代数课很快结束了。随着放学的铃声，学生们三三两两走出教室。

“刘光启，你去哪儿？”大辫子女同学也不知什么时候追上了刘光启。

“我回店去。”刘光启很礼貌地回答。

“咱们还能一起走一会儿。”

“噢……”刘光启不知说什么。

两个人并肩走在海河边的路上，过了解放桥，刘光启便说：“好，再见，我那店快到了。”

这时，大辫子女同学抬起头来，直愣愣地看着刘光启，两只眼睛含情脉脉。

刘光启眼睛正与她对视，浑身顿时产生了一种感觉，这是他有生以来，头一次的感觉。在一个异性面前，刘光启不知所措。为了掩饰自己内心的变化，刘光启装出一副规规矩矩的小店员的样子。

“明天见，请走好。”说完便大步朝书画店方向走去。

乾隆御覽之寶
藍水遠從千澗落
玉山高並兩峰寒
御書房鑑藏寶

大辫子女同学还久久站在那儿，望着刘光启越来越小的身影不见了，她才挪动了脚步。

一连几天，大辫子女同学都是这样。刘光店早来，她也早来；刘光启晚走，她也晚走。

刘光启心里也清楚：她对自己很好，看来喜欢自己。说实在的，刘光启对她也有些好感。

俩人彼此心照不宣，但又保持着各自的距离。刘光启反复想：我这个乡巴佬，人家堂堂的城里漂亮大姑娘，怎么会走到一起呢？

后来，他俩聊天时，刘光启终于清楚了：她喜欢的是自己的聪明，看来我这个貌不惊人的“细麻秆儿”，还是真有魅力。刘光启心里一阵喜悦，但又理智地想：别让人家失望了，将来生活拖累了她，这良心过不去，算了吧。

刘光启虽然这么想，也尽量抑制住内心的真情实感，但脑子里还是挂念着这位大辫子女同学。

书画店繁忙的工作，使刘光启把精力全部投入了进去。他没有过多地再考虑个人问题，就是因为太喜欢这字画行当，所以主要注意力自然还是在店里。

书画店往来的人可不少，从年龄上分，有的老先生，都与刘光启爷爷年龄差不多，还有更多的人，则是让刘光启称他们为大伯。

这天傍晚，刚送走一位王老先生，刘光启正在整理店堂，准备要上门，冷不丁看到有位个子不高的姑娘站在画前看画。那位姑娘身穿素花绸布上衣，齐耳短发，细细的皮肤，白里透红。

刘光启感到奇怪：书画店来的顾客绝大部分是先生们，可以说是男人的世界。甭说这，当初在北京琉璃厂鉴光阁那会儿，满眼见到的也都是清一色男人们。偶尔来一位女人，那也是阔老爷带来的太太。今日怎么却来了一位学生模样的姑娘呢？

刘光启只是好奇。那姑娘一看刘光启整理店堂，就要上门了，自己也就悄悄地走开了。

过了两天，一个上午，来了几位先生要买几幅字，刘光启沏茶，热情为他们挑选字画,还细细讲解何时何地何许人所书。送走了顾客,又接待一位要卖画的老爷子,刘光启从那老人哆嗦的手中,接过画卷,又搀扶老人坐下,还端上一杯热茶。

“老先生,您老要卖画?”刘光启问。

“你看看,是好的。”

看了一下,刘光启又问:“您老出个价。”

老爷子手一比画,刘光启一看贴谱,又请掌柜看,最后成交了。

临走,刘光启赔笑说道:“您老走好。”

刚一出门送客,正巧撞上一人进来,这人不是别人,正是那天来店里看画的短发姑娘。

姑娘一见到刘光启,好像精神为之一振,脸微微泛着红润,微笑着点下头走进店堂。等刘光启进来,姑娘已站在书画前,她又目不转睛地看起画来。

刘光启发现姑娘又换了一件浅粉色的外衣,头发梳得齐齐整整,从这身文静的打扮,看得出她的家庭是有一定身份的,这姑娘肯定也是有一定文化素养的,要不怎么会欣赏这书画艺术呢?

姑娘看着看着,突然转过身来问刘光启:“这幅画的作者是不是明代董其昌?”

“对,就是他,你还真有眼力。”

“这个人算得上大名头吗?”

还可以。他是华亭人,字玄宰,号香光,万历进士,其画集宋元诸家之长……”

一阵询问,一阵回答,姑娘满意地点点头。

刘光启这才发现,姑娘在看画时,眼睛好像总打量他。“也许我这个人太瘦巴了,惹得人家姑娘都感到奇怪。”刘光启这样想,难为情地低下头。

姑娘确确实实看清楚了刘光启:这年轻小伙子别看细高挑,瘦瘦巴巴,倒聪明机灵。问了这么几个问题,他都能清清楚楚地回答。

从头一次来店里,姑娘对刘光启与顾客交谈的话早入耳了,不免对他产生了好感:这么有才华。

刘光启倒没什么感觉,只是觉得这姑娘喜欢字画,在女子当中真是不多见。

过几天,姑娘又来了。一回生、二回熟,姑娘便无拘无束了。她一来到店堂,就跟在刘光启屁股后面,一会儿听他与顾客聊字画,一会儿看他怎么与顾客攀谈书画生意。刘光启着实能讲,话从他口出来,就是跟别人不一样。姑娘越听越爱听,尤其极有趣的历史故事使姑娘流连忘返。要不是到了该回家吃饭的钟点,她还得在这待半天。

时间一久,姑娘与刘光启混熟了。一来便缠着刘光启,让他把店堂的字画一一介绍给她。这一讲便是好大工夫,遇到顾客来,姑娘还是不走,躲在一旁继续听,顾客走了,她再让刘光启继续讲。

有一个星期天,姑娘一大早就来到书画店。这回她也不顾周围有人,直奔刘光启而去。刘光启见到她,就像往常一样,指着墙上新挂的书画,详细给她讲解。

姑娘到书画店,不买字画,也不卖字画,她就是专门来看书画的。店里的人因为姑娘常来,倒敏感起来,是不是喜欢刘光启了?刘光启以为姑娘因为个人喜好,所以也就像对待前来买卖书画的先生们一样,热情接待。

当时,店里也有一些规矩,在这里做工的人,自然不能随随便便。刘光启尽管和那姑娘谈论书画,但彼此只是店员与顾客的关系,谁也不去问对方的情况。

刘光启与这姑娘接触,无意中又想起了在一起学习的大辫子女同学,朦朦胧胧的思念,一直萦绕在刘光启心头。挂念终归是挂念,也没有明确过什么关系。

人有时很有意思,总喜欢对得不到的一切产生神秘感。刘光启就表现得明显,有时,独自躺在炕上,想东想西。想了半天,还是没有得到结果,索性蒙上头睡觉罢了。

"刘光启,你的信。"一天,邮差送来一封信。

打开一看,原来是他爹写的,信上写道:"光启:你娘身体不大好,最近家里给你提亲事,不知道你愿意不愿意,有时间最好回家一趟。"

刘光启惦记娘的身体,他向店里掌柜的请假,掌柜的很通情达理,劝他早点回去看望。至于亲事，刘光启不大感兴趣，原因何在，他心里有一本只有自己知道的账。

匆匆回家看了看，见娘的病情还算有好转，便又匆匆赶路回津。途中，他为自己能躲过提亲见面一事而庆幸，为自己能编出这么多好听的“骗人话”而自豪。

爹娘原来听了刘光启为了再干好工作而不准备早成家的话，也觉得言之有理，所以也不强迫他。刘光启一见形势有好转，立即返津。

上了班，刘光启松了一口气，后来又接到几封家信，还是说及回家相亲一事。刘光启又闷闷不乐起来，心里不禁想：“看来躲了初一，躲不了十五。”

其实爹娘的心思可以理解，刘光启作为长子，老人恨不得早日抱上孙子，当然急着早一天让刘光启成亲。

说来也怪，常来看画的姑娘，近来却一直没见到她。

快到过年了，刘光启不得不打点行装，无论如何也得回老家。此时，刘光启心里十分矛盾：孝敬老人的同时，也要满足他们的希望；可是自己想的，往往未必和父母达成一致。

此行，刘光启对自己个人生活问题还未来得及全面思考。究竟如何，还是个未知数。

2. 在戏台前看见了她

年根底下，老家的乡亲们可忙坏了，家家都在杀猪宰鸡。刘光启也跟着娘忙活起来。

父亲一年到头在家种地，满脸的皱纹和那黝黑的皮肤，使刘光启不禁心疼起来。娘头上也增添了不少白发，脸庞也消瘦了许多。

他们见到刘光启回家来了，也就忘记了平日的思念和操劳，精神倒愉快起来。

“光启，你今年不小了，也该让娘省点心了。”娘边刷锅边对刘光启说。

“娘，我知道。”刘光启也不知怎样说才算既能安慰娘，又能为自己解脱。

“你爷爷这么大年纪了，你爹眼巴巴盼着早点抱孙子，咱刘家你又是老大，可不就指望着你了。”娘说得那么诚恳，又那么简单，还有几分乞求。刘光启其实心里也很清楚，但真不乐意再听娘解释了。

“行，听您老的。”他无可奈何地顺着说道。

正说着，爷爷进屋了，刘光启忙走上前搀扶，“爷爷，您慢走，小心点。”随后，便去给爷爷倒杯水端上。

爷爷最喜欢光启，他在隔壁早听到刘光启与娘的对话了。

“光启啊，你娘说得对，该成家了，让爷爷抱上重孙子。”爷爷说着，就好像明天就要抱上重孙子一样高兴。

爷爷对于刘光启来说，是最亲的人了，刘光启终生忘不了爷爷的教育和培养。这几年学徒无论多不容易，总托人给爷爷捎点吃的回来。

“爷爷，您瞧好吧。”刘光启这回可真是半真半假逗爷爷开心。

“这小子，还是小时候那鬼样。”爷爷喜欢这样说。

河北冀县的农村，都有过年演大戏的风俗。那么，农民呢，不管多远也要集中在一个大村里看大戏。过年，人们就只有这个活动才算重大节日的盛举了。

有的家里人，年前赶做年饭，过年吃了好吃的，便仨一群、俩一伙，赶到戏台前。这个时候，男女老少爷们儿都穿上整齐干净的衣服，有的坐马车、有的骑毛驴，早早在戏台前等候演员出场了。

刘光启也来到这儿看戏。好热闹啊！小脚老奶奶都是由穿花袄的姑娘们搀扶来的，白胡子老爷爷大多是由孙子们簇拥着。那些半大小子和姑娘们，都是事先约好来看戏的。戏场上，喧闹声、说笑声夹杂在一起，人们都拿着板凳选择一个离戏台近的地方坐下。来晚的人只好“打站票”了。

在大城市里生活的刘光启，看到乡村这样的场面，不由得回想起了自己孩提时代的生活。

他没有带板凳，只身站在人群后面，戏还没有开演，他环视着年味十足的农村大戏台。

人群中，有一位小脚老太太站在离刘光启不太远的地方，本来没什么引人注目的，只不过她穿戴比农村人显得阔绰一些，老太太头上抹着头油，在阳光下一照，还发着光亮。她身穿翻毛棉大衣，从她身旁走过的人，都要回头多看一眼。

小脚老太太旁边的姑娘更引人注目，尤其引起刘光启的注意。姑娘穿着一身蓝色双排扣列宁装，扎着腰带，配上齐耳短发，还真精神。这姑娘肯定也是从城里来的。

一会儿，那姑娘扭过头来，往东边望去，这时，刘光启正好看到姑娘的脸。

"好面熟啊，"刘光启心想。再仔细一看，刘光启大吃一惊。

"是她呀"，原来刘光启发现这位身穿列宁装的姑娘不是别人，正是那位常来书画店看画的姑娘。

刘光启感到惊奇，原来跟姑娘还是老乡？他很想与她打招呼，可是又不知人家叫什么名字。当初在书画店谈得很热闹，可连人家名字也不知晓。再说，姑娘身旁又多位老太太，刘光启感到如果贸然前去，实在是有点失礼。

想来想去，刘光启挪了一步，又回到原来的位置。他偷偷看了几眼姑娘，又连忙低下头，怕姑娘见到他。如果姑娘招呼他，当着这么多父老乡亲真是太尴尬了。

"光启，光启。"不知谁喊了几声，手已抓着了刘光启的胳膊。

刘光启一瞧，原来是远房的二大娘。

"光启，我跟你爹娘早已说好了，今天咱就相亲……"没等二大娘说完，刘光启连忙推诿。

"不，不，二大娘您还是看戏吧。"

"不看戏，今儿咱相定了。"说着就使劲拽刘光启的胳膊，刘光启被二大娘拽了一米多远。

"瞧，就在那儿。"二大娘手指前边，刘光启不好意思地顺着二大娘的手无心看了看。

"就是那个老太太旁边的，穿蓝色什么式样的衣服，城里时兴的。"二大娘这一句补充，使刘光启惊呆了，原来相亲的对象就是他早已熟悉的那位看画姑娘。

“这世界上真是无奇不有,太巧合了,原来是她。”刘光启又惊又喜。

刘光启还未来得及多想,就不知不觉地被二大娘拽到那姑娘跟前。

姑娘见到刘光启后,脸上泛起红润,含着姑娘那特有的甜甜的笑,没有说什么。而那老太太却开了口:“这是刘家的老大。”

“是,刘光启。”刘光启客气答道。

“这是姑娘的妈妈,黄大娘。”二大娘介绍给刘光启。

“这是黄玉珍,也是刚从天津来的。”二大娘笑着看看姑娘,又回头看刘光启。

姑娘的妈妈,真是比姑娘精神得多。她脸上皮肤细白,有着细细的眉毛和一对大眼睛,年轻时的风韵犹在。左右金耳环更增添了老太太几分雍容华贵。说起话来,真是干脆。

老太太细细打量刘光启,心里想:人看上去倒实诚,还守本分,就是太瘦了,也不算英俊,虽说有几分灵气,但不会成为做生意的大老板,没有多大富态相。

老太太脸上的表情很难让人琢磨,她很会说话。只见她暗暗拉着二大娘的手,悄悄地与她走到另一个地方。

这时,刘光启和那位姑娘面面相觑,想说什么,又不知从哪儿说起。刘光启的脑子里从来没有像现在这样混乱过。多少学徒的岁月,背诵过多少名人书画,都没有糊涂过,今天,刘光启却感到从未有过的“紧张”。

“你什么时候来的?什么时候回天津?……”姑娘好像有准备似的竟问了一大串问题,话都在情理之中,思维也很清楚。

刘光启看着姑娘那么单纯,那么热情,俊秀的脸上充满了对自己的深情,他已经凭着机敏劲儿早已感觉到了姑娘的心思。

他俩聊了一会儿,便约好五月节在天津见面。姑娘高兴极了,脸上流露出无限的喜悦。

这时,锣鼓响了。刘光启和姑娘都记下了这有意义的时刻:头一回站在一起看戏。

回到家里,刘光启的爷爷、爹娘可高兴了,大概他们从二大娘口里早得知刘光启相亲后的结果。这年过得还真是不错，全家人皆大欢喜。

刘光启静下心来后，脑子一动，便产生了疑问："这姑娘难道是早有准备的。她怎么见到我后没有感到惊奇，怎么会如此镇静自若呢？哪有这么巧的事。莫不是……"他好像又猜到什么，但很快就打消了念头。

那位看画的黄玉珍姑娘的妈妈，自打见到刘光启，便直言对女儿说："这就是你喜欢的书画店的小伙子？就是太瘦了，人也不出众，生活也不会太富裕。"

"娘，您别看他外表，脑子可好使了，书画里的东西，他都知道，哪朝哪代，哪个人，是真是假，他眼睛可亮了。"

"那双小眼睛倒是宝贝了。"老太太带有几分嘲讽。

妈妈最心疼女儿，老太太是想让女儿找一个能有富裕日子过的人家，将来也好享福。对刘光启的印象，老太太始终认为他是个念书的人，做不了大生意，赚不了大钱。但是有一点放心，就是从刘光启待人接物言谈中，凭着老太太的阅历，能看出他还算是老实人。

黄玉珍姑娘的爹也是读书人家出身，但他会做生意，也赚了点钱。可惜过世太早，老太太只有带着几个孩子过日子。

当初，黄玉珍的爹在天津北门里开了个宝华成金店，当上老板，家里日子过得红火。黄玉珍很小的时候，便从爹那里见到过诗书字画，爹也很喜欢她。

到了黄玉珍九岁那年，爹患病突然去世，当时娘只有三十六岁，就开始守寡，拉扯孩子们真不容易。黄玉珍的娘是个女强人，她自己硬是支撑着金店，又要照顾农村家里一片大宅院。

没过多久，正赶上生意不景气，关了门，便回老家了。在老家待了一段时日后，又回天津住下了。

黄玉珍也知道娘最理解女儿心，但娘是见过世面的人，通情达理，在黄玉珍还小的时候，就清楚这些。果然不出所料，娘对女儿"开绿灯"了："玉珍，你既然喜欢那小伙子聪明好学，就依了你意吧，但我是不满意的，至于穷富自己认头好了，一切都是命里注定。"

"娘就算没太阻拦，还不错。"黄玉珍心里在不停地说。

1952年5月1日，正是国际劳动节，刘光启与黄玉珍姑娘开始了正式的恋爱生活。

刘光启没白念了一大堆书，《四书》《五经》全在腹中。既然与黄玉珍恋爱，就必再挂念以前的大辫子姑娘，那不过是同学之间的友谊。

刘光启的书画店与黄玉珍东门里的家虽说不算太远，但还是有一段路程。最方便的是乘坐天津当时仅有的有轨电车。

下班后，刘光启早已和黄玉珍约好，到她家吃饭。

刘光启洗干净脸，穿好漂白色衬衣，蹬上家做新布鞋，乘上了电车。他想起与黄玉珍姑娘交往的这些时日，真是甜滋滋的。一个姑娘这么喜欢他，真是让刘光启感到了爱的力量。

电车缓缓就要进站了，刘光启透过小窗口，一眼就看见了黄玉珍正站在那里。黄玉珍看到车窗里刘光启的脸，举起白皙的手轻轻地挥了挥。

"叫你等半天了。"刘光启憨笑了一声，说出了见面后第一句话。

黄玉珍的家摆设得古香古色，刘光启最喜爱的是挂在条案上的中堂。坐在黄玉珍家的太师椅上，刘光启倒觉得很舒服。

俩人无话不谈，好一阵热闹。突然，刘光启扯到老家的话题，说着说着，他问起了黄玉珍："正月咱俩老家见面，我才知道咱们俩村离着不远，怎么这么巧，谁将你我牵到一起的？"

黄玉珍一直未把真相告诉过他，现在俩人越谈越近乎，越谈越亲热，也就没什么掖着藏着的了，她靠近刘光启坐下，讲述起来："自打我去书画店看字画，见到你以后，印象特别好，我就喜欢你这聪明劲，所以，一有空儿就到你那儿去。"黄玉珍慢慢地说，眼睛不时地看看刘光启。

"有一天，老家的一个远房亲戚来到我家，要给我提亲，说是在金石山房书画店上班，瘦瘦的高高的，我一下子就想到是你，结果一听名字叫刘光启，正对上号。我太高兴了，但又不能露出真情来，还要听娘的主意。娘倒没说什么，后来老家来信，提到你不愿意早成家，还不想相亲，我心里放心不下了。"

刘光启一听，真是太稀奇了，自己竟一点也不知道。黄玉珍见刘光启等待着下边的话，于是忙接着讲："你还记得有一段时间，我到你店里去得次数很多，每隔一两天准到？""是这样。"刘光启回忆起来了。

"那时，我心里真想捅开这层'窗户纸'，但又顾虑重重，等到快进腊月了，我就跟娘回老家，自己又找人为我与你见面搭桥。正月相亲的事，就是我那远房的亲戚和你的远房二大娘说定的，而且时间就是约好在过年看戏时，戏台前见面。"

"啊，原来是这样。"一下子如梦初醒，刘光启拍着黄玉珍的肩膀，拉过她的手，惊喜万分。

刘光启此时也一股脑儿地将心底要说的话讲出来："玉珍，你想过没有，我这穷小子是很难养活你的，我这一生没多大出息，但准备在事业上要拼一拼，要干点名堂出来。你嫁给了我，可是要受罪的。再说，我家里还有爷爷、爹、娘三个老人，我也放心不下，没人照顾也不成啊……"

"我不怕受罪，也不图你发财，我就是图的你这个人。"黄玉珍这个善良的姑娘向刘光启吐露了心里话。

刘光启心怦怦直跳，他喜欢上眼前这个心灵纯净的姑娘。"为了爱，她能做出一切的。"刘光启从直觉上已经意识到了。

从此，两颗年轻人的心紧紧连在了一起。

1953年6月9日，是刘光启和黄玉珍结为伉俪的大喜日子，新婚夫妇的婚礼格外简单。

刘光启没有忘记北京的姑妈、姑父，当年是他们给了刘光启生路。今天，要到北京去，既算是旅行结婚，又能拜见两位老人家。

姑妈、姑父见到侄儿光启带着漂亮的媳妇来了，甭提有多欢喜。姑妈、姑父忙里忙外，好吃好喝好招待。姑妈家的表妹陪玉珍表嫂和光启表哥转遍了北京城的名胜古迹。

蜜月只过了一个星期，临上火车前，光启和玉珍在长安街一家小饭馆吃了一顿饭，也算是两个人成为夫妻后的第一次单独用餐，在北京留个纪念就返津了。

郭河易雪晴運糧圖

满打满算俩人在一起亲亲热热待了才二十几天。一天晚上，光启对依偎在身旁的玉珍说出自己真实的想法。

“玉珍，你还是回咱老家去吧。”

没等光启再说什么，玉珍默默点头应允了。她非常理解自己的丈夫，理解丈夫是为了事业，为了年老的祖父和父母。

刘光启把这份心思全都交给了刚过门的妻子。他感到这也许太不近人情，太对不起自己心爱的人了。

“你放心吧。”玉珍咬咬嘴唇，强忍着心头依依不舍的爱恋之情，抑制住眼里往下流的泪水。

刘光启的心很难受，新婚甜蜜的日子刚刚开始，无奈就这样结束了。他紧紧搂住妻子，泪水在心里流淌。

1953 年 7 月，妻子离开了天津，从此两人开始了漫长的离别生活。

3. 天各一方三十年

夏日，骄阳似火。大齐村村里的许多人不顾炎热，都来看刘家的新媳妇，把刘家门口围个水泄不通。

“这个新媳妇挺俊的，还是天津长大的。”几个人你一言我一语议论着。玉珍撂下带来的大包袱，就去帮婆婆干活。

这个城市里长大的姑娘，嫁给了农村的婆家，本来就够委屈了。刚过了门，就离开丈夫，担当起伺候婆家三位老人的重任，这是图个啥呢？

这年，玉珍刚满十九周岁，城里姑娘那特有的苗条身材和白皙的皮肤，以及大家庭所熏陶出的气质，令乡下人看了好生新鲜。在村里人看来，刘光启这小子还真有福气，尤其是结了婚，城里媳妇如此善良贤惠，甘愿回老家伺候公婆，更不知是光启哪辈子修来的福分。

其实，说实在的，光启家与玉珍家是门不当户不对。在天津，那时，玉珍的爹出门坐包月车，家里雇奶妈子，吃香的喝辣的。在农村还有自己的田地和大四合院，四周围的人都知道黄家是富户。

优越的家庭生活，使玉珍不愁吃喝，上了小学又上了中学，长这么大，也不会做饭洗衣。

打进了刘家的门，看到公公婆婆和祖父年事已高，玉珍早就有了准备，一切从头来，还得自己学着做。

当时，农户人家靠挣工分维持生活，谁不下地，谁就没饭吃。刘家最年轻的劳动力，就要属玉珍了。

下到农田里干活儿，玉珍细嫩的手磨出了厚厚的老茧，脸也晒黑了。下工回来，累得走路一瘸一拐的。回家后，连气都不喘一口，便烧柴做饭，饭熟了还要盛好，亲自端到老人的跟前。

晚上，星星爬上了夜空，玉珍收拾好屋子，为爷爷铺好床，自己这才能回到屋里上炕歇息。她躺在炕上，浑身酸疼，翻来覆去睡不踏实。她望着窗外布满星星的天空，想到了牛郎织女，不禁思念起丈夫，泪水浸湿了枕头，不知不觉进入了梦境。

她梦见光启回到家来了，和她一起下地干活儿，还告诉她这次再也不走了。玉珍一欢喜就醒了，原来是一场梦。

玉珍怀孕后，每天仍然拖着个大肚子下地干活儿，回来做饭，婆婆又有病，冬天下不了床，她还要为婆婆倒屎倒尿。

生大儿子的时候，玉珍产后几天就下床干活了，没有人伺候月子，自己硬是一边喂孩子，一边伺候老人。穷庄子的人都吃不饱，每天每人只有带皮的二两粮食，当时流传着这么一句顺口溜：

> “二两原粮不去皮儿，
> 又拉豁子又拉犁儿。”

玉珍产后一个月就下地干活，好歹吃点剩饭，那也是高粱面的饽饽，要么就是挖点野菜吃。孩子才出生一个来月，饿得一阵阵大哭。玉珍眼巴巴看着孩子，只好再喂白水给孩子喝，对付一下吧。

三位老人也舍不得吃喝，他们看到玉珍盛饭时把稠的盛到老人碗中，自己只喝稀汤，心里好不是滋味。

一天，爷爷对玉珍语重心长地说："玉珍，也真难为你了，嫁到刘家可不比在城里，够受罪呀，写封信给光启，说说吧。"爷爷说完抹抹眼角的泪，然后慢慢吃力地走回堂屋。

"我不能告诉光启。"玉珍暗自嘱咐自己。以后，凡接到光启的信，她总是立即回信，但信里只说家里一切都好。

玉珍就是因为深深地爱着光启，有了这个精神支柱，再苦再累也心甘情愿。苦和累倒是可以承受的，但离别之苦和思念之痛是任何东西也替代不了的。

1956年腊月初六，婆婆因病离开了人世，临咽气前，拼命睁开眼，看着日夜守在身旁的孝敬的儿媳妇，断断续续地说："玉珍，你该……该歇……歇了……"婆婆说完话，仿佛将自己最后的心愿了却了，这才安静地闭上眼睛。

玉珍哭了，她没有大声呼唤，眼泪却不停地流。她心里很平静："光启没在身边，我能代他为老人送终，也就替光启尽了孝道。安息吧，娘。"

发送婆婆那年，公公也七十多岁了，爷爷已经九十一岁了，爷爷腿脚不利落，走路也走不了几步。玉珍每天下地干完活，给老的小的忙着做这做那。这时的她，已不是刚迈进刘家大门时的城里姑娘的模样了，生活的重负已经使她饱经风霜。走路像农家妇女一阵风似的，干起活儿来也很泼辣，细嫩的手变得粗糙了，白净的脸已经变得黑黄了，原来齐耳乌黑的短发，也蓬乱起来，穿的衣服则是地地道道的农村粗布袄。

她惦记着老小几口人，更惦记着在外的刘光启。想起他孤身一人过日子，无人照顾，可怜巴巴，令她心神不安。

春节，光启回家过年来了。娘已经去世了，再也见不着了，再看看爷爷和爹，他们都这么大年纪了，这个家全落在媳妇身上了，她真是受够了苦了。想到此，光启又是一阵酸痛。

这个年，多亏了刘光启带来些食品，几瓶菜籽油，是国家供应他一年的，他没舍得吃一滴而节省下来的。两包点心，是刘光启节衣缩食攒点钱买的。他真不容易，每月都往家寄钱，自己舍不得吃舍不得喝。

玉珍看看光启，他仍然穿的是玉珍一针一线做的棉布鞋，仍然穿着家做的大棉裤和棉袄。刘光启仍然那么瘦，玉珍想到单身汉的日子也是不好过的。

一年团聚也就这么二十天，"相见时难别亦难，"光启快回来时，玉珍盼呀盼；光启也只等年节早点来；而见了面，两人的分离更是令人心酸。

一年四季，玉珍伺候着重病的爷爷，为躺在床上的老人擦洗身子，倒屎倒尿。

大孩子刚会说话，第二个孩子又降生了。临产时，让人叫来两里路外的接生婆。孩子出生后，玉珍照样立即下床干活。吃的跟不上，家里又有重病的老人，她拖着虚弱的身子，仍然服侍二老和两个小孩子。

"玉珍，这米粥还是你喝吧，我们这老头子也不中用了，你太累了，可得吃饱了。"爷爷实在心疼孙子媳妇，病成这样，还想着玉珍。

刘光启听说又添了一个孩子，连忙多寄了十元钱，还嘱咐玉珍休息好、吃好。可玉珍怎么能不干活儿呢？怎么忍心顾自己呢？老的老，小的小，玉珍的担子太重了，可她从未在回信中对光启道一声苦，喊一句累。光启每次收到信，心里都充满了对玉珍的崇敬和爱怜，不免总有一种负疚感。

1957 年 3 月 20 日，刘光启的爷爷与世长辞了，老人家安详地离开了这个家，离开了为他付出心血和操劳的孙子媳妇黄玉珍。此时，刘光启还远在天津，他那时还不知道玉珍为老人家养老送终已安置完毕。

玉珍该解脱了，往后该过几年松心日子了。村里人都这样为她想。可是几年中，又添了两个孩子。这两儿两女的抚养，可就指望她一个人了。再加上还有一个老公公需要她照料。日子仍然过得艰难。

刘光启在天津工作，每天都要早来晚走，住在单身宿舍，晚上还要灯下读书。这些年，他像个书呆子一样，一门心思钻研业务，在业务上确有长进。只是每月往家寄钱时，才真正感到心里总是忐忑不安的。

四个孩子出生时，刘光启都没在身边；四个孩子的成长，刘光启给予的父爱的确太少了。

有一年，刘光启回家过年，两个儿子一见他，好像看见了一个陌生人。大儿子先是躲在娘身后，二儿子连声“爹”也不叫。刘光启看着儿子眼睛里流露出对陌生人一样惧怕的神情，心里真有说不出的苦涩。

“儿子，来，爹给你带来了糖。”刘光启亲热地说着。

“娘，还是让他走吧。”大儿子对妈妈说。

“胡说，那是你亲爹，每月都是爹寄钱养活咱们，他在外面工作你知道多不容易呀。”玉珍心酸地对儿子说，泪水不知什么时候滴在儿子头上。

刘光启也掉泪了，临走那天，黄玉珍领着、抱着四个孩子送他到村口，她心里多么难受呀。刘光启看到这娘儿五个，真有些迈不动步子，连忙说：“回去吧，他娘，你可多保重啊。”

“娘，咱快回去吧，回去吧。”几个孩子哪知爹娘间的情感，拽着娘的衣角直催娘回去。他们对这个在外辛劳的爹一无所知，淡淡地像看一个从未见过面的路人。

没几年，赶上了饥荒，无论城市，还是农村，哪儿的日子也都难过。平时就穷的大齐村，这时真是穷上加穷了。人饿得连野菜、树皮都吃，不少人得了浮肿病。

玉珍为了让公公安度晚年，享享福，把家里的粮食都先给老公公吃，自己还要照顾四个孩子。吃不饱就把玉米核儿碾成碎末吃。从地里回来后，进门又做饭又给孩子们洗涮。晚上还忙着准备明天吃的。时常等孩子们睡着了，自己仍忙到夜里一两点钟。转天，天不亮又要推碾子，下地干活儿。四个孩子从生下来，看到的世界就是家里娘一天到晚地劳作。他们多么羡慕人家的孩子有一个体力强壮的爹，能帮娘干点活儿呀。

刘光启在天津根本吃不饱，却总是多挤出一点钱给家里寄去，过年了没有多少钱，只好不回家了。

腊月三十，刘光启接到一张包裹通知单，一看是家里寄来的，连忙跑到东站邮局去取。他看到用白布裹的一个包，以为是家里寄来的布鞋。用手一摸，还很柔软。等回到宿舍一打开，刘光启先是一愣，随后，禁不住捧着包裹哭了起来。

这包裹里包的是三十个饺子，是玉珍专门给他寄来过年的。一个人在外过年孤单单，再说又是饥荒年月，玉珍用家里仅有的一点榆树皮面掺点高粱面，里面放点用野菜做的馅，这就是作为年饭的三十个饺子，就在除夕这一天，终于寄到了光启的手里。

刘光启怎么咽得下去呢？他感慨万千，默默捧起这三十个凝聚着全部挚爱的不寻常的饺子，深深鞠了一躬："玉珍啊，我一辈子也忘不了你，会永远爱你的。"

腊月三十晚上，听着外面的鞭炮声，刘光启的心仿佛被这响声震碎，他眼前呈现的完全是家里过年的情景，玉珍的身影仿佛就在眼前。刘光启孤身一人度过了这个冷冷清清的春节。唯一能使他得到慰藉的是那伴着他度过年夜的佳肴——三十个饺子。

苦日子真不好熬，孩子们长大了一些，老公公又病倒了，这一躺，整整半年。玉珍起早贪黑，打针换药，喂饭倒水，样样都得干，却没有半句怨言。

1970 年旧历 5 月，玉珍在病情日益加重的公公床前，已经几夜没合眼了。一天，她实在太困了，坐在墙角打了个盹儿，醒来看见公公紧闭双眼，她马上喊来大夫，原来公公早已断气了。

玉珍哭得好伤心。公公临死也没说一句话，就这样默默地走了。玉珍嫁到刘家已有十八个年头，伺候老人时间最长的是老公公。如今老公公也离开了她，玉珍感到了从未有过的孤单。

她把刘光启这些年寄来给老人准备后事的钱，买了寿衣和棺材，老人入了殓。等到刘光启赶回来时，一切都由玉珍料理好了。

生活没有因老人们离去而改变玉珍的境况，她仍旧带着四个孩子在农村生活。五个人因为是农业户口，进不了城里，没办法，还是照老样子过吧。

这一过，又过了整整十二个年头。从刘光启和黄玉珍结婚到现在，整整分离了三十年。

三十年，黄玉珍从一个姑娘变成了老太婆，刘光启从一个年轻小伙子变成了满头银发的老头子。他们的青春年华早已被岁月无情地带走了，留下的却是

靠回忆生活的暮年。

4. 垂垂老矣话团聚

1982年，国家照顾两地分居的老职工，刘光启接到了办理黄玉珍回津的通知。

刘光启盼望的一天终于来到了。他急忙拿着迁移证匆匆赶回老家，下了车，一路小跑进村，见到玉珍高兴得说不出话来，等了好半天才平静下来："快，快走，咱们一起走。"

玉珍简直不相信自己的耳朵，"看，户口迁移证"。刘光启指着已成为事实的证明给她看。玉珍此时激动了，激动得热泪盈眶。她在人生的道路上苦苦挣扎了三十年，为了爱，为了自己的心上人——刘光启，她含辛茹苦，敬老养幼，如今终于和自己的丈夫再也不分离了。

来到天津，他俩像新婚夫妇那样，谁都离不开谁，那缠绵之情，可惜是在三十年后才能表达，再没有青春时代的浪漫，只有相互依恋的伴随，但这些已使他俩心满意足了。

人，最珍惜所失去的东西，他俩正因为失去得太多太多了，所以更加珍惜这难得的"黄昏情"。

刘光启的四个孩子中，两个女儿已出嫁，大儿子到了河北衡水一家工厂当了厂长，生活过得很好。二儿子办回了天津。刘光启将老家的房子全卖了，钱分别给了大儿子、两个女儿和老伴。等到二儿子结婚，刘光启尽力为他出钱出力，把阳面大房子腾出来，自己和老伴住在阴面的小房子，他多么想以此偿还欠孩子们的为父之情啊。

刘光启一切为了玉珍生活得愉快，尽力从各个方面给予她照顾。也从力所能及的方方面面弥补这三十年欠她的情和爱。刘光启和玉珍时常在灯下聊天，谈天说地，他们要寻回书画店里的旧情。

"玉珍，咱现在生活好了，钱全给你，你想吃什么就做，想穿什么就买。也该享享福了。”

一天下班回家，刘光启进门见到玉珍在洗衣服，他一把抢过来，责备地说：“我不是告诉过你吗，这活儿全是我的了，你身体不行。”

从此以后，一切洗涮都是刘光启干。

玉珍也心疼光启，家离工作单位来回要蹬两个多小时的自行车，回来多累呀。她每次都做好饭等着光启回来一起吃。玉珍常常站在阳台，也不知向外看了多少次，饭菜凉了又热，再凉再热。

有一次，刘光启外面有活动，回不了家吃饭，他赶紧打公共电话，告诉玉珍，玉珍还是放心不下，硬是准备了面汤和小菜。晚上9点，刘光启回来了，看见玉珍还在灯下坐着。“光启，吃得还好吗？再喝点稀的。”说着就走到厨房去热面汤。

其实，刘光启已经吃饱了，为了不让玉珍扫兴，只好硬着头皮喝了一小碗，坐在一旁的玉珍心里这才踏实。然后她又把明天光启要带的午饭装在饭盒里，一切都安排好了，这才上床睡觉。刘光启也躺下了，他听到紧挨身旁的玉珍细细的呼吸声，自己也甜甜地入睡了。

儿女们都非常孝敬他俩，春节快要到了，他们知道爹娘这一辈子不容易，几个人合计着添钱为老人家购置彩色电视机。

当厂长的大儿子寄来一千元，大女儿寄来一千元，二女儿寄来五百元。接到孩子们的钱，光启和玉珍感到了几十年的苦没有白受，他们感到了莫大的安慰。

二儿子与他俩住在一起，二儿媳在春节前为婆婆买了一件时髦漂亮的毛衣，玉珍穿上可好看了，不但显得年轻，而且还显露出年轻时的风韵。后来听说，这件毛衣一百多元，光启和玉珍合计着：二儿子、二儿媳又要带孩子生活，他们也不容易，索性把钱给他们，让他们过个好年吧。婆婆和儿媳妇也推让了半天，刘光启发话了：“你娘既然给你的，你就收下吧。我们日子还挺好，放心吧。”

儿媳妇这才收下了钱。

小孙子刘小京已经四岁了，他的名字是刘光启给起的。刘光启爱孙子，看见了孙子就想起了自己的小时候，爷爷如何疼爱他的情景。

说来也巧，小孙子的脑子特别灵，记忆力相当好。从幼儿园回来，便先进爷爷屋，嚷着要爷爷教他背诗写字，这小家伙听一遍，便能一字不落地背下来。

“扬州八怪有：金农、高翔、郑板桥、罗聘、李方膺、李鳝、汪士慎、黄慎；四溥：溥心畬……”

“春眠不觉晓，处处闻啼鸟……”

小孙子口齿伶俐，一下子背诵了一大串诗文。刘光启乐得合不上嘴：“像爷爷，像爷爷小时候。”玉珍也轻轻拍打着小孙子的脑袋说：“这脑瓜机灵劲儿，太像他爷爷了。”小孙子顽皮地说：“当然啦，我是爷爷刘光启的孙子，能不像吗？”

大家又是一阵哈哈大笑声。在笑声中小孙子突然坐到爷爷、奶奶中间，这是一个多么幸福的家呀。

第五章

1. 传奇色彩浓郁的名贵书画

1966年的夏天似乎提早来到天津。从6月份开始标语已经出现在街头，在劝业场的繁华地区，大字报、小字报贴满墙壁橱窗，传单时时如雪片在头上飘落。上面印满着炙手可热的标语口号，气壮山河的“横扫”“砸烂”的豪言。

从7月份开始，红卫兵进入家庭横扫“四旧”了，一场空前的古玩洗劫终于来临了。此景愈演愈烈，8月31日在北京天安门广场，毛泽东同志第二次接见红卫兵，林彪臂戴首都红卫兵西城纠察队的袖章，向全世界宣布：红卫兵“走上街头，横扫‘四旧’。文化革命已经触及政治，触及经济。学校的斗、批、改发展到社会的斗、批、改。群众的革命洪流，正在改变着我国整个社会的面貌”。

当时的刘光启因为“四清”时，在赴四川一次买画中有六十元对不上账，再加上“文革”的到来，他那“小组长”的桂冠已被摘掉，不过艺林阁的库房钥匙仍在他手中。对于这个终日只知看书看画的“白专分子”，革命小将认为有悖革命运动，于是被褫职夺权，并且被批斗一次。从此他无职无权一身轻，夜晚偷偷地躲在店堂内看书看画，白天去街头看大字报，成了名副其实的“逍遥派”。

8月的一天，一种莫名其妙的心情驱使他来到原来的租界地。这里居住着解放前各色的阔佬富人，于今虽然已无昨日的显赫，但毕竟“船破有底，鞋破有帮”。这些小洋楼，许多是常年门窗紧闭，个中奥秘从不向人展示。但刘光启对这些是熟悉的，他从建国前夕到建国后一直奔走在这些人家中，甚至哪家有什么珍贵的字画他心中都有一本账。

来到福建路，只见前面人头攒动，在便道上低头站着一排戴着纸糊的高帽的人，不用问这是“牛鬼蛇神”。其中一个人手中拿着一个铜锣，脸被墨汁涂得乌黑，只剩下一排牙齿是白的。他敲一下锣，就喊一句：’我是牛鬼蛇神，我是封资修的孝子贤孙，我家有变天账……”

在他的眼前有一堆熊熊的火焰，在盛夏的阳光下离老远已感到炙烤难捱，然而那一排人中有一老妇被穿上一件翻毛白狐皮裘。刘光启突然眼前一亮，一个红卫兵正把一个手卷向火里扔去，刘光启下意识地一拦，红卫兵惊疑地回过头来，上下打量起他来。

他陡然一惊，急忙装出副若无其事的样子。一件瓷瓶被砸毁了，一片底座上的碎瓷片飞到脚下，蓝色的“乾隆年制”字正巧露在上面。眼前的火随着投进的字画、线装书的增多，烈焰越来越高。刘光启像是身上的肉被一块块地剐下来，眼泪不知不觉地流下来。

还是刚才那个红卫兵，更加狐疑地打量起他，刘光启意识到了什么，嘴里嘟哝了一句：“这些破烂东西，烧出的烟都那么呛人。”他不敢再看了，他若再看下去非得自己跳到火里不可。他回想起1956年，母亲腊月十六去世，他当时都没流过这么多的眼泪。他猛然又想到，整个天津卫一天有多少珍贵书画被烧掉呢？尤其是那几件国内罕见的珍品……

他知道天津有一件王羲之的手卷，这件东西是那批“东北货”。在末代皇帝溥仪《我的前半生》中说：“这样的盗运活动，几乎一天不断地干了半年多的时间。……记得有王羲之、王献之父子的墨迹，有《曹娥碑》、《二谢帖》，有钟繇、曾怀素、欧阳询、宋高宗、米芾、赵孟頫、董其昌等人的真迹。”这批由溥仪盗运出宫

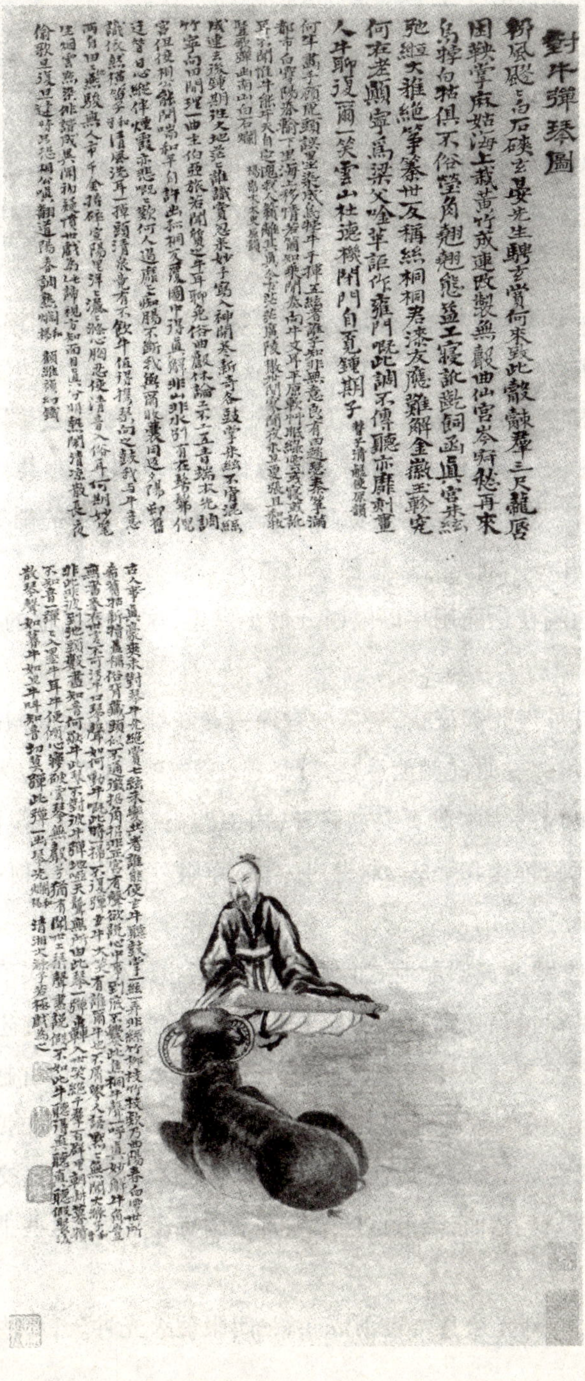
對牛彈琴圖

后运到东北的“东北货”，其中有一小部分落入天津古玩行。

天津古玩行有靳伯声、靳蕴青兄弟，河北省香河人，任培生斋书画店经理。当时溥仪的随从何义、王敬羽二人携王羲之《干呕帖》和王希孟的《千里江山图》来到天津，后卖给泰康商场的培生斋画店。靳氏得此宝贝在解放后将《千里江山图》卷交回故宫，使这一稀世珍宝得以完璧。然而王羲之的《干呕帖》从此秘藏于家再不示人。

这个属于国宝级的文物命运如何呢？他虽然没有见过这件东西，但听人说过它，此卷装裱极精，不足16开的纸上摹写王羲之字36个。在纸边字缝处钤有上自北宋徽宗“政和”内府印、南宋高宗“绍兴”内府印和“御书之宝”、“御书”与双龙印等宋玺。此外还有元代大收藏家项子京的多种藏印，大小共计十几方之多。另外更有元明名人题跋。最后是乾隆、嘉庆、宣统三代皇帝的御玺。这样一件国宝倘若葬身火海……刘光启连想都不敢想了。

回到艺林阁，他躺在这间用字画隔断开的小屋里，这里既是他的办公室，又是卧室，更是书房。

此时，门外的口号声此起彼伏，一队脸被涂得花花绿绿头戴高帽的“牛鬼蛇神”们走过去了。那堆火在眼前熊熊燃烧，越烧越旺。忽然，他发现有人将一楠木匣子扔进火堆里，匣内的一本册页突然张开，内中跑出一个人来，拉住刘光启：“救救我，救救我，我是恽南田……”刘光启大惊，睁眼一看原是南柯一梦，刚才的一惊，浑身已是汗渍渍的了。

天津是个书画收藏的富庶之地，如刘光启亲手通过政府干预买下的赵孟𫖯《大洞玉经卷》，就是徐世昌家后人卖给金石山房，而后拨交天津市艺术博物馆珍藏的。这件稀世珍宝纵近三十厘米，横四十五点五厘米，上面钤有赵孟𫖯印四方，还有乾隆鉴赏印、明代裱画师朱启明骑缝印、明代收藏家项子京收藏鉴赏印、天津徐世章收藏鉴赏印等，一共有一百零四方印。这样的珍宝送交博物馆当然可以保证无忧无虞了。然而，类似这样的名贵书画有多少呢？这些书画的命运谁能预卜呢？

在那难熬的夏月，刘光启常常夜不成寐，一闭眼就火光冲天，那些飞扬的纸灰、破碎的画轴总在眼前晃动。他想哭，但又不敢哭，因为在那畸形的岁月里，人们没有笑的权利，更没有哭的权利。刘光启压抑着内心的感情，默默地祈祷着，让这些珍宝渡过这飞来的横祸……

2. 福祸相倚的喜怒哀乐

从1966年至1967年，作为“逍遥派”的刘光启落得个优哉游哉，每天独自看书，依然偷偷地背历代书画家人名。他为了避人耳目，将业务书包上书皮，在上面再放上《毛泽东选集》，读“毛著”在当时是件最神圣的事情，是没有人敢非议的，但终于有一天被工宣队发现了。

进驻艺林阁的工宣队代表找刘光启谈话了，表情像是灌了铅般沉重得很，刘光启心里敲开了小鼓。

“有人汇报说你还在走‘白专’道路，现在群众都参加文化大革命，伟大领袖毛主席亲自发动领导的这场运动，就是要触及人的灵魂。你这样，必然要走到人民的反面，知道吗？”

刘光启站在那儿连个座位也没有，像是挨批判，听了这番话急忙说：“代表同志，我天天在学习毛主席语录、‘老三篇’，正在读《矛盾论》、《实践论》。”

工宣队代表显然不信，瞟了他一眼说：“毛主席教导我们要斗私批修，狠斗私字一闪念，在群众都起来造反的时候，一定要挖掘出灵魂深处肮脏的东西。最近，我们查看了一下你的档案，你1958年入党，从小苦出身根红苗正，一定不要陷进‘白专’这个泥坑中去。”

“是，是。我正在努力地改造自己，每天都在学。目前我能背诵《毛主席语录》、‘老三篇’、《实践论》、《矛盾论》，不信你可以考一考我。”

工宣队代表显然不大相信，从抽屉里拿出《毛主席语录》，问：“第92页是什么？”刘光启不假思索背诵一遍。代表忽然拿出《毛泽东选集》，一翻说：“《愚公移山》的最后一段的最后一句话是什么？”刘光启想了一下背诵道：“中国人民将要在中国共产党领导之下，在中国共产党第七次大会的路线的领导之下，得到完全的胜利，而国民党的反革命路线必然失败。”

工宣队代表一合书本说：“你学得不错，继续努力，以后多接近群众。”从这以后他的“背功”像是有了护身符、金钟罩，从此“刀枪不入”了。

1968年8月4日，在艺林阁二楼办公室，工宣队代表又一次找到刘光启谈话。自从文化大革命开始以后，经营文物的艺林阁已不营业了。刘光启终日站在书画堆中，对窗外的一切事情显然那么淡漠。但是，他的耳朵却伸得长长的，捕捉着来自各方的查抄信息。抄家风已经接近了尾声，天津市在各区都开辟了查抄物资仓库，由单位、街道、学校查抄出的东西源源不断运进这些临时腾空的库房中。一些书画夹杂其中，任人们践踏，更有的是在露天存放，任凭日晒雨淋。但这一切一切，他是无能为力的。他要掩饰自己的情感，任何感情的冲动不仅能断送自己，甚至会株连自己的老婆孩子。

今天工宣队代表突然找他谈话，不啻晴天响起一个炸雷，不知何故，刘光启迈进办公室之后腿竟有些微微颤抖。

代表这次比较客气，一指对面的沙发。这间屋属于贵宾室，是上世纪六十年代后专门装修用来接待中央和市领导同志的。在这间屋里刘光启曾接待过当时中央的领导人康生、陈伯达、郭沫若以及于立群等多位要人。刘光启刚刚坐稳，就听对方说：“刘光启同志，经过组织的慎重研究，决定交给你一个既光荣又艰巨的任务。”

听到“同志”二字刘光启镇静了。那年月，只要领导和群众称呼你为同志，就证明你是革命营垒中的一员，倘若名字前加个“狗”字或打上红叉，就说明已被划定为敌我矛盾，厄运就来了。

刘光启静静地听着下文：“目前本市查抄封、资、修的东西已胜利完成。市革委会决定抽调一些人去登记整理这些东西。你明天去四川路报到，估计有一个月就可以回来了。市里专门点名让你整理那些字画，你不要辜负领导同志的期望。”

阳历8月正是津门的酷暑，早上竟无一丝风，太阳从东方红彤彤地出来了，告诉人们今天天气闷热。昨晚，刘光启回到办公室兼宿舍，特意做了一顿炸酱面，嘴里反复哼唱着“解放区的天是明朗的天，解放区的人民好喜欢”，门卫老孟莫名其妙地问他：“老刘，是不是你老婆在家又生了个儿子？”

天闷热得连树梢都一动不动，刘光启骑着这辆旧杂牌车来到四川路。他对这里太熟悉了，十几年前，他曾在这里买过字画和扇面，那考究的摆设，那些令人垂涎的几千个扇面，如今命运如何呢？

刘光启走进楼里，摆设很凌乱，好像被强盗、窃贼洗劫过一样。一张红木镶螺钿的字台，桌面是三块如云如烟风景的大理石，抽屉的铜活亮闪闪的，一张图案奇特的脚踏显得这个字台古朴而典雅。一束阳光照在上面，镶在上面的五彩贝闪着粉红、蓝绿的光彩，高贵而华丽。

刘光启拿出单位介绍信递给了身着军装的军人。军人很年轻不到三十岁，看过介绍信客气地让座倒水，并做了自我介绍：“我姓吕，以后的工作还要靠你，因为我不懂这方面业务。听领导介绍，你的业务水平不错，一直在搞这方面的研究……”

刘光启急忙打断他的话：“我也是苦大仇深的人，也上台忆过苦，也讲用过。在业务方面今后一定要突出政治，把革命工作干好。”

吕代表笑笑搬出一摞本子，拍拍说：“查抄分两大块，开始时人们不分青红皂白全都往这儿拉，没有任何记录；后来有了‘绿单子’，见文物往这装筐送，只给对方一个手续，这里登记的也太简单。反正是这堆这块了，你看着弄吧。”

刘光启接过本子，突然一阵腹痛，原来昨晚吃了面条喝了瓶啤酒，似乎要拉肚。他知道这里的厕所十分讲究，急忙推门进去。

这是一间足有三十平方米的卫生间，原来这里有一个大浴盆，恭桶是坐式的，上面的坐垫儿分皮垫儿、瓷垫儿两种，冬夏分用，此外淋浴、洗手池一应俱全。而今的情形却大不一样了。屋里堆满印刷的传单、标语牌，红旗卷在角落里，红袖章、油印机、破书报，只是恭桶前留有一条窄窄的通道。

突然，刘光启的眼珠凝住了，随即放出光来，只见恭桶上放着一个中间被扯开一个洞的扇面，这是人们嫌脏用它来隔离臀部的。刘光启此刻早忘了大便这个茬，急忙拿起扇子一看，正面竟是明代大画家王武的花卉扇面。刘光启知道这是明代专画花卉的大师，作品流传极少，想不到今天竟在恭桶上发现了它。现在的扇面不仅面目全非，而且上面还有屎尿溅上的黄点。刘光启掏出手绢擦，但擦不掉，他抬起头，发现在恭桶左侧水箱上放着一摞扇面，另有三个已经污渍斑斑了。原来，这摞扇面是用来轮流做垫子用的。刘光启迫不及待地翻起来，一部分是明代的东西，一部分是清代的，它们是原楼房主人的收藏品，数一数，整整四十八个。

刘光启又心痛又欢喜，他知道在此之前不知有多少扇面被毁，有幸的是这些扇面遇到了他。这时，吕代表进厕所来了，见到这光景愣住了，刘光启的心一下子提到嗓子眼儿，脑门儿的汗一下子流了下来。他知道想退是不可能了，于是心一横从头至尾把刚才的事讲了一遍。最后他有些动感情了："吕代表，这些都是国家文物，我们没有权利再糟蹋它们了。"

吕代表沉吟了半晌，抚摸着这些扇面颇为感慨地说："我虽然是个军人，但我上过几天大学，知道文物对一个民族的价值。老刘，你做得对！"

刘光启的眼睛模糊了，在那兽性代替人性的年代，人们只知道野蛮的摧毁、肆意的破坏，建设与保护反而成了罪恶。在这"造反"、"横扫"的口号下，貌似神圣的使命让人们愚昧而疯狂。为了保存自己，不愚的装愚、不疯的佯疯，只有这样才能使自己有革命的本色，才能有一把革命的遮阳伞。刘光启听到这几句话，看到了对方的真诚。中午，刘光启忘了炎热忘了饥饿，竟用午饭的一个馒头，细细地擦掉了扇面上的黄渍，在新的表格上恭楷填上了这四十八个扇面，登记了这第一批查抄的字画。

天津市文物图书清理组正式成立了，当时简称为"文清组"，文清组负责全市查抄财物的清点整理工作。在市里专门又建立了珍贵文物库，那是一间几百平方米的大仓库，凡进去时，无论是谁都要脱下衣服鞋袜，仅穿一条裤衩换上拖鞋，在那里存放瓷器、玉器等上万件，书画凡是认为有保藏价值的一律送到这里。

刘光启的确很忙很忙，一批又一批的东西经过他的手登记造册编号贴标签，分出三六九等，一批珍贵书画被特殊地监管起来。这一天，他来到昆明路的一处库房。这是一座英国教堂式的建筑，主人已被赶走，成为区查抄办公室。进了门，只见大厅里几位街道大娘正在卷一个手卷，哗啦哗啦的就像是在量布，刘光启心疼了，走上前去为大娘做了示范动作。正在这时，一段文字吸引了他，他那双小眼睛疾快地一扫，不露声色地对大娘说："我替你卷吧，卷这东西手要松，劲儿要匀。"他边说边卷边看，发现这是元代大书法家杨维桢的《梦游海棠城》一卷，在包手的题签下有"寂盦"两字。他的心一动，这是一件极为罕见的珍品，收藏此画的是大收藏家王向叔，他一生的著述是《麓云楼书画记》，这件杨维桢的书法作品精到无比，有两方王向叔的收藏印。此外还有明代人画的徐达像，两卷唐人写经和一张王石谷的画轴。

这时从里面走出来负责人模样的中年人，见刘光启摆弄那个手卷，不耐烦地说："你别乱动，这件东西外贸说要买。"刘光启说我多出钱卖给市里吧。于是刘光启从单位开出支票"买"走了这几件东西。据说另外未来得及看的几个手卷后来统统送到造纸厂。这件杨维桢手卷经鉴定属全国孤本，在"文革"后期退赔时动员捐给了天津市历史博物馆，著名鉴定家谢稚柳来津看到了这件东西赞不绝口，这是后话。

他面对这些曾经狂喜过，但对于那些爱莫能助的书画作品曾遗憾过、伤心过。但他确实尽了他最大的努力，这些可以说是问心无愧的。

3. 大海捞针觅国宝

遍布全市的查抄财物仓库，在当时不下数十个。为了摸清底数，刘光启从夏到冬、从冬到夏往返于这些地方。在西郊区（今西青区）的一个工厂内用厂房当作了库房，存放着一批查抄财物。

顶着大风骑车几十里来到这个工厂，库领导查验了他的证件领他进了大库。只见各色的硬木家具堆得遍地都是，不是太师椅的大理石碎了，就是雕花柜子的花牙子断了，加上尘封土埋，简直像破烂市。

在一件大条案上堆着字画，几张被扯破的字幅被风吹得嗯嗒嗯嗒的，像破

门帘子似的。刘光启的目光专注起来，仔细地看着每个画轴的题签，忽然一张纸片上的“林良”两个字跳入他的眼帘。林良，明代中期的一个画家，画的是芦雁。刘光启一见断定这是林良的一幅精品，作为这位明代画花鸟的大家，作品流传的却不多。为此他专门将这幅《芦雁图》提到珍贵库。许多人在一段时间内看假，但在二十几年以后，经鉴定家徐邦达鉴定，确认为是林良真品，是一件难得的艺术珍品。

看罢字画，刘光启去厕所。这里因为地处郊区，厕所有些城乡结合。四周的墙是土坯垒成，坯很不规则，又没有抹泥，墙上到处是七出八进的窟窿。人们利用这些随意插放些报纸杂志什么的，权作手纸。刘光启解开裤带蹲下身，眼睛有意无意地在墙上逡巡一番，忽然，一卷细细的泛黄的纸卷被他发现了。

他随手抽了出来，没想到纸卷自行打开，一下子打开足有一米长。不看则已，仔细一看上面密密麻麻写满蝇头小楷。他惊得一下子跳起来，连裤子都没顾得提，仔细一读，原来抄录的是《大方广佛华严经》。

刘光启赶紧提起裤子，急慌慌系好皮带，仔仔细细地看起来。这纸非常奇特，像蝉翼一样薄，然而很有韧性。小楷端庄俊秀一笔不苟。从经文来看属六朝写经，早于我们常见的唐人写经。

刘光启跑回仓库，立刻几个人围上来，谁也弄不清这样一件东西怎么会不翼而飞栖身于厕所，偏偏又遇上了文物鉴定家。刘光启当即决定，带回市内文清组，将林良画和六朝写经一同归到珍贵库，以免遗失。

刘光启此时突然又想起了什么，疾步往外走，几人惊愕不解地望着他，他回过头来，声音响亮地说：“我得去厕所，刚才给忘了。”

“哈哈哈。”身后传来善意的笑声。

当时查抄来的字画达十余万件，分散在各处存放。但这些东西真伪混杂、优劣互见。像属于国家一级品的文物并不多见，寻找这些文物并不亚于大海捞针。在天津的金融街解放路上，有一座有名的欧式建筑，它是以英国侵华的一个将军命名的，名为戈登堂。当时戈登堂大厅中有二百多个箱子，存放着各种东西，文清组的工作人员每天在这里整理登记造册。

刘光启像往常一样打开字画，仔细观看，然后将字画作者、内容等记录下来，并给作品编上号码。一般的东西放在左边，好一些的放在右边。

这时这个箱子里的东西快看完了，忽然刘光启在箱子的角落里发现一个手卷，打开一看，上面写着“足下各如常昨还殊顿匈中淡闷干呕转剧食不可强疾高难下治乃甚忧之力不具王羲之”共计三十六字。刘光启的心怦怦跳起来，这幅字卷莫非就是朝思暮想的《干呕帖》吗？他没有声张，立刻找来《故宫遗失书画录》进行对照。

这本《故宫遗失书画录》是他自己手抄本，凡是已经找到的故宫遗失书画就在下面标明。然而在《干呕帖》下没有标明，这说明《干呕帖》并未找到，于是他把这本帖带到珍贵品库，进行专门的研究。

当时全国已存有王羲之共有三件勾本，一本是上海博物馆藏的《上虞帖》，为唐代勾本，天津艺术博物馆藏的《寒切帖》、辽宁博物馆的《万岁通天帖》，若《干呕帖》可以确认为是故宫流失出来的，那可以说是千载难遇的喜事。

由于《干呕帖》属于清廷秘藏，在一些书籍中有所著录。如清人张照等著《石渠宝笈秘殿珠林》中说，唐摹王羲之《干呕帖》曾有上等和次等两卷，上等卷早已失传，此次发现的是次等卷。

一连几个月，刘光启查资料揣摩作品，又和有关的人士切磋，最后庄重地宣布，天津发现王羲之重要的书法杰作，《干呕帖》终于在“万画如海一身藏”的情况下被刘光启首先发现，从此，天津以有两件王羲之珍品的地位，成为全国著名的地方博物馆之一。

4. 救画救人菩萨心

光阴荏苒，转瞬来到了 1970 年，此时文化大革命初期的狂热已逐步冷却，在文物查抄上却始终没有停止工作。就在这一年秋天，天津市文物管理处成立了，文物公司与之合并，刘光启正式调入文管处，从此脱离了艺林阁，这是他自十三岁进鉴光阁学徒至今二十年后第一次离开文物商店。领导为照顾他，特在单位的一个角落隔出九平方米的地方，从此这里成了他的起居室和书房。

白天有永远也看不完的画，晚间他要掌灯夜读，这是他多年来形成的习惯，作为文物工作者，就像中医那样，必须要背汤头，胸中若不装下几百上千的药方就不是好医生。晚上，有时睡不着觉，时常忆起这些年看过的和被抢救出来的东西。

最令他欣慰的是，天津著名收藏家张叔诚先生的一件国宝，宋人范宽的《雪景寒林图》得到了保护。在中国美术史上，范宽是可以大大书上一笔的。雪景是他的得意之作，传世的作品有《雪山行旅图》、《雪景寒林图》、《雪山萧寺图》，而目前在大陆的只有《雪景寒林图》。

《雪景寒林图》是一幅用三骈绢而成的大中堂，纵 193.5 厘米、横 160.3 厘米。这件画作长期不知下落，从收藏的印鉴知道 1860 年以前归宫廷所有，以后流落民间由张叔诚家收藏。1966 年，张家被抄，张叔诚再三叮嘱红卫兵，千万不要烧掉这批书画，赶快送到文物管理部门。

就在此后不久，刘光启来到附近联系文物情况，在办公室空旷的廊沿下边放着一堆衣物，另外还有两只大箱子和一捆书画。一幅画外罩蓝布套贴着标签，这是张家收藏字画的标志，其中一件就是《雪景寒林图》。刘光启喜出望外，立刻和管理人员交涉，想拿回单位保存。管理人员非但不给反而怀疑他神经不正常，他此时只好一再托嘱要照顾好这幅画。

几个月过去了，在当时的中心公园查抄物资接收站，在横七竖八的字画中，那两只箱子和那捆字画转移到这里。这件国宝混身其间，露天堆放在那里。白天日头烤，晚间露水浇。刘光启再次交涉取回这件国宝依然没有成功。当他转年在营口道财政局大库清理杂物时，只发现了其中的一只皮箱。他心急如焚连日打听，后来知道这件国宝已被文物单位接收，他一连悬着几个月的心放下了。

在刘光启“救画”的同时，他意外地救了一个人，一位艺术大师。

河北省衡水地区有个专画鼻烟壶的，名叫王锡三，字瑞祥，曾为尼克松画像，国内外均有盛誉。“文革”后，他因为家庭问题遣返农村，此间他画了一个鼻烟壶，因上面的一首七绝而锒铛入狱。后为他落实政策，他本人一口咬定此诗是抄古人的，曾在天津艺林阁见到过此诗，但他又记不清此诗的出处。于是，外调人员专门来津调查此事。

来的两个人可谓尽心竭力了，他们在大学请教过教授，专门到艺林阁去了两次，人们不知道是怕株连还是其他什么原因，见到这首诗都摇头。最后有人提议，何不找专门搞文物的单位去问一问，结果依然没有下文。

他们失望了，背着书包向传达室的大爷道别，忽然大爷看见了下楼打水的刘光启，一拍脑袋说："哎呀，忘了他了。同志，我们这有个土圣人。喂，老刘，赶紧过来！"

刘光启不知发生了什么事，疾步走过来。大爷恨不得几句话跟他讲明白，但越说越让他糊涂。那两人见状急忙将王锡三的"反诗"案情讲了一遍后，看看表说，回程的火车票已买好，需赶快走。

刘光启问："你记得这诗的内容吗？"

其中一人思索了一下说："第一句是'山光照槛水绕廊'，第二句是"四时舞云春风香'吧……"

刘光启听罢不假思索地说道："后边大概是'水鸟枝头亦朋友，落花水面皆文章'。"

两人急忙拿出笔记本，一拍大腿，激动得几乎是在喊："我的天爷，对呀，一字不差，找到了。"

刘光启告诉他们说这是赵孟頫的一首诗，他在国家文物局出版的一本字帖《读书乐》上所见，这本帖可能艺林阁有。来人忘了返程，一分钟没停马上赶到艺林阁，终于找到了这本帖，在帖中找到了这首诗，一字不差。

两人紧紧握着刘光启的手，一人眼里噙着泪："您救了王锡三，救了他一家。有了这个就能定案，就能平反，他就能出来画画啊。"

几年后，王锡三专程来津看望刘光启。当见到他时，王锡三激动得哭了。"男儿有泪不轻弹"，但这眼泪包含着感激、蕴藉着敬佩，在那腥风血雨的年代，刘光启对他就如同救苦救难的观世音啊。

第六章

1. 文物退赔震动津门

1970年对于查抄的财物开始退赔，这对那些被查抄了财物的人不啻黎明前现出的一线曙光。尽管当时在退赔前夕，从企事业单位、街道负责人的说法来看，口气依然十分强硬。这种政策的落实在当年政治高度统一、政治高度挂帅的年代，对于这些人虽不能称之为专政对象了，但也不能属于无产阶级的革命的营垒。

文件迅速传达，经过文化革命的"洗礼"，人们的头脑似乎简单却又复杂起来，许多人惴惴不安，不知退赔之后的下一步棋是什么；许多人欣喜兴奋，这无疑给贫穷的生活投下一束五彩光；更有的人开始打起了小算盘，以此为良机可以发一笔无名之财。

由于在查抄之时极度混乱，当时每个单位、每条街道、每个学校都在揪斗地富反坏右资这些被称之为"牛鬼蛇神"的人，无论是什么单位都可以组织人任意去抄家。在1966年6月开始，揪斗批判还局限在一定的范围，到了7、8、9三个月，查抄之风波及全市。有的是到本单位中有历史问题的人家中查抄；有的是街道组织人去本街所辖的“黑五类”查抄；更有学校的一批红卫兵小将重点对当年富人集居的“五大道”进行查抄。

当时查抄对象随意性极强，只要门前贴上大字报，只要臂上戴着红袖章，就可以入户揪斗。通常是主人一边挨批斗，挂上一只写有罪名的大牌子在一旁站立，许多人一边从屋里往外搬东西。

查抄的东西随意性也极强。从查抄的大约上百万件(恐怕还要多)财物来看，贵重的有钻翠宝石金条，但许多是极普通的日常用品，像吃饭小桌小凳，破烂衣被，甚至有的连痰盂都查抄来了。

查抄的财物运送随意性极强。在当时，一些学校操场、工厂的库房、街道的空屋都成了查抄物资存放点。开始时根本没有登记一说，拉来什么拉来多少一卸车就完事大吉。所以，在市文清组中有两种单子：一种是“绿单子”，这种单子纯属有什么就登记什么的“事后记录”，这种绿单子为市文清组统一印发，是当时接收查抄物资的唯一凭据。另一种是“黑单子”，这种单子是根据拉送单位的底单结合而开出的单子，这样就较之以前有了一些依据。

在众多的查抄物资中，其流向很难预测，一部分在倒运存放期间被毁，属于半路“夭折”；一部分被挪作他用，如有的街道缺个桌椅，就从查抄东西中拣上几件用一用，还有的自然免不了暗入私囊。

在这样复杂的形势下，被查抄的人们开始认真地填写单子了。在当年抄家之后，谁敢将抄走的财物列账记录呢？否则就是一本“变天账”，谁敢冒这天下之大不韪呢？然而，在这四五年间，或家里人知情者故去，或是东西太多难以记全，但这对于绝大多数人来说，国家退赔就说明抄得不对，就是为这些“黑五类”们正名，至于赔多赔少就无所谓了。

文清组连续几年整理的不是什么破烂家什，而是珠宝翠钻、古玩字画，其中的确有价值连城的珍宝。在珍品库，整天陪伴刘光启的就是那烁目的大钻石、碧绿的翠玉和那些名贵字画。因为这些东西都是这些人倾毕生精力甚至是继承祖业而来的，不允许有差错，正如刘光启所说的，本来我们抄就抄错了，但发还就

不能错了,否则一错再错怎能行呢?

各方的单子集中到文清组,这时一个明显的问题出现了。社会上流传的名贵东西名气很大,有的人虽未见过但听说过。当年张大千在天津画过“三峰”套画,这三峰是我国有名的三座名山,这三幅不仅尺幅大而且很精妙,张大千对此画也自视为自己的得意之作。正因为如此,在四十几家报送的单子上,都赫然填写着“张大千画三峰图轴”。

画仅仅有一套,却有四十家来认,这就是说只有一家是真的,那是谁呢?

刘光启在书画行中奔走了二十多年,一些名画的流传早已烂熟于心。刚开始时,一个军阀的后代来到文清组,很炫耀地说:“凡是有我爷爷的上款、我爷爷的收藏印、有我家题签的都是我们家的,希望都退给我们。”刘光启心平气和地说:“有这些题签、印章的书画确实是你们家的,可是现在只能说是‘曾经是你们家’的,从解放以后,你爷爷就开始卖东西,我当时一三轮一三轮的往外拉,你知道吗?”他又谈起了对方当年的地址、家庭情况,这段“革命家史”使对方瞠目结舌无言以对。

因为,刘光启心里有一本账,这本账已在心里记了几十年,面对这四十几个要认领张大千“三峰”画的查抄户,他细细地查办起来。

他回忆起旧事:早就听说当年有位做麻袋生意的人发了财,专门请张大千画了这套画,一直珍藏在家。后来单位抄家有账,前几年从单位将这批东西接收过来,算是有“户头”,这样此画必属此家。虽然那几十户都来相认,都未成功。满足了一家,而“得罪”了几十户。但是,这确实也感动了“上帝”,于是这家认走了“三峰”,自动捐出二十七张齐白石的作品给博物馆。

1983 年 9 月,退赔工作大规模地展开了,市里将文物书画运到历史博物馆,将字画悬挂起来,同时盖上上面的字款展示给人。人们按图索骥也好,相见对面不相识也罢,还是乱认一通也好,毕竟这件棘手而艰巨的工作开始了。当这个轮子慢慢地启动之时,有谁知道,文清组在此前已开始了几年的准备工作。在众多的查抄物资存放点,工作人员将这些集中清理、分类、排队、编号,总算是有了一点眉目。此时此刻,刘光启望着这些字画,突然大脑蹦出这样两句诗：

历尽劫波兄弟在，相逢一笑泯恩仇。

2. 悲喜哀愁话沧桑

文化大革命的抄家无疑是个人家产的大曝光，在这次运动中，许多史书记载的珍贵文物重见天日，否则许多是要终生秘不示人的。众多的珍贵文物既有弥足珍贵的历史价值，又有着昂贵的令人咋舌的价值，在金钱二字面前，有的人表现了以国家民族为重的高尚情操。

在津门，周叔弢先生的名字是异常响亮的。

周叔弢先生是实业家，一生搜求善本书、珍贵字画等，不仅博览群书学识渊博，而且是名播海内外的古籍文物收藏家。解放以后、“文革”以后曾多次捐赠书籍给图书馆，其将所藏战国古玺、秦汉印章数百方捐献给天津市艺术博物馆。后经博物馆遴选四百方编辑成《周叔弢先生捐献玺印选》出版。周叔弢先生在这些方面做出了很大的贡献，的确是津门一个爱国爱民族的楷模。

在这以后的几年中，陆陆续续有一些人深明大义，将退赔的属于国家一级文物的字画捐献给国家，像宋勾本的王羲之《干呕帖》、宋代范宽的《雪景寒林图》，另外还有一批明清两代书画家罕见的艺术珍品。市政府为他们颁发证书赠送奖金，举行捐赠仪式，通过报纸电视等新闻媒介进行报道。

在这些事上，凝聚了各个部门工作人员的心血，刘光启有时为留住某一件珍品，倾注的心血难以尽述。然而，不和谐的音符时时出现在这块典雅的土地上。

在天津市历史博物馆，高大的建筑物、开阔的场地突然地热闹起来，当年这些倒霉透顶的人们，谁也没有奢望想再得到这些东西。在那狂热的年代，财产就是罪恶，财产越多预示着灭顶之灾的机会就越多。在那个时候，抢着烧争着毁这些东西。然而当人们看到这些查抄退赔成为现实时，面对这么多的古玩字画，一些人灵魂的天平开始倾斜了。

为了发还工作的顺利进行，减少误认误发的纠纷，当时将字画一律挂起，遮上画的上下款。人们拿着自己开出的被抄走的目录单子，伸长脖子、睁大眼睛盯着眼前的一切。

由于一批东西属于绿单子，根本没有东西物主的原始记录，只能凭借物主的记忆和当时的认领与报送的单子相吻合就算是确认了。有一套吴昌硕画的四扇短屏，当时叫炕屏，山水画纸本。被一个物主认走了，时隔一年，真正的主人找来，说出了当时炕屏的特征。为了弥补物主的损失，刘光启接待了他，并诚恳地告诉对方那套吴昌硕有假，为表示歉意，经商议决定将一套无主的吴昌硕六扇屏抵给对方。

在刘光启内心中始终认为，“文革”的抄家使一大批人蒙受了很大的损失，特别是精神上的损失，即使是退赔也无法弥补。因而他总想方设法，尽量使这些人少些损失。然而，这种善意的行为并没有得到一些人的理解。在吴昌硕画屏问题上对方始终认为，必定是以假掉包，认为自己吃亏，于是非要索要原来的四件。本来这件事是别人经手，在当时情况下只好又替对方索回原件。而在此期间物主已东奔西走状告刘光启。在这个问题上，他本人的教训是深刻的。

退赔，这个当时在津门引起反响的工作，经历了整整十余年，至今许多问题悬而未解。然而，有谁知道，为了这项工作的顺利进行，为了让更多的人减少损失，一批工作人员和刘光启出自对书画喜爱的天性，出自对工作的负责，保护了大量的字画。然而，众多的疑问、众多的疑点、众多的疑案，在那无国法、无秩序的疯狂年代制造了许多许多，这些难道是凭藉几个人的力量能回天有术吗？当今天我们酒足饭饱回忆起这些的时候，我们不妨多些谅解、多些宽容，因为那十年的历史给我们画上了重重的一笔，几代人蒙受的损失同流逝的时间，是任何东西也补偿不了的。

当我们重新翻回这沉重的一页时，我们不妨尽快地翻过去，记住这段历史的悲剧，不让这悲剧重演或许是我们这一代或是几代人的责任。

3. 钟馗在此谁敢作祟

全国有四大海关，广州、上海、天津、北京，每年都有大量的玉器珍宝、古玩字画在这里验关出口。这四处的文物管理部门和海关一起就像祖国的卫士，保卫着大量的文物不流失。

1968 年，刘光启被任命为天津市文物管理处验关处负责人，这个刻板且善讲的把关者在一些人心里确实留下印象，因为他的手中有"印把子"，只要经他打上火漆无论是什么就可以畅通无阻地出关了，这是文物在国门的最后一道关卡。

20 世纪七十年代，我国每年在广州举办春季和秋季商品贸易交易会。1975 年广州举办春季广交会，当时的京津沪穗组成验关人员分成瓷器组、字画组、杂项组等等，刘光启在字画组负责验关。

3 月 11 日刘光启来到广州，刚刚坐定，电话铃响了，拿起话筒，对方声调迟缓，像是领导干部："刘同志吗？我是北京来的，明天我这有几件东西你给验验关，我的秘书明天和你接洽。"

"是，首长。"刘光启恭恭敬敬地回答。

第二天，一位身着笔挺中山装的秘书拿着二十几幅字画，刘光启知道是让他验关来的。第一张打开，是清代扬州八怪之一黄慎的人物；第二张是个不太知名的竹兰图，第三幅是王石谷的山水。显然，这两张已经超年份不能走了。

听到其中有三成的书画不能走，秘书的脸色阴沉下来，严肃地说："这是首长的命令，请你再看一看。"刘光启也很严肃："这是我的职责，我的职责是执行文物管理方面的有关规定。"

秘书走了，晚上打来电话，说首长要约见字画组的全体验关人员，刘光启心里明白，这将是一次兵戎相见的接触。

首长很和气，谈了当前大好的形势，谈了党内一小撮人妄图搞资本主义复辟，随后话锋一转转到了书画上。刘光启见状急忙接过了话头："今天看的几幅画相当不错，就以黄慎为例，此人生于清康熙二十六年，即公元 1687 年，距离现在整整近三百年了。这个人在我国的绘画史上是很有地位的，当年他在扬州的时候每天都有人拿着礼物求他画画，他的人物画最擅长。首先这幅画确实是精品。”

刘光启逐一分析黄慎的画，先是极力夸赞画品高、年份好，而后谈到国家有关的文物出口规定，像这样超年份的东西虽然他没有直接说明，但朴素直观的道理在场人无一不明白。

首长先是听迷了，最后听了这么一通“官腔”确实也不好再说什么了，临走握着刘光启的手说：“没想到你的记忆力这么好，不简单，不简单。”

就这样刘光启堵住了这批书画的非法出口。

天津有位名医家被查抄之后，一幅王石谷的精品被抄来，刘光启在众多的书画中把它挑出、提到珍品库保存，落实政策后，这幅画完璧归赵。后来这位名医去世了，不久文管处来了一位年轻人，手中拿着一幅字画要求验关打火漆。

刘光启打开画，这幅画保存完好，通篇没有一丝污染的痕迹，雪白干净而且是旧裱。上面的山水精致老到，是一张难得的王石谷精品。刘光启自言自语地说：“你大概是医生的后人吧，这幅画在退赔的时候就说不能走，属于文物。”

来人一惊，但没有说什么，默默地卷起画走了。

过了四五天，一位中年人拿着一个画卷要求验关。刘光启像往常一样，麻利地打开画卷，没容十秒钟旋即问道：“这画前几天旧裱挺好，你裁下去就以为我认不出来了吗？我看过的画一辈子不会忘。就像你这个人，咱们见过一面，不论你穿什么样的衣服我都能认出来。”

对方脸红红的，依然是一言不发。

刘光启十分感慨，为了出关，一些人的确用尽各种手段，想尽一切办法，目的只有一个，就是把不让出口的文物带出去，然而刘光启的这双眼，正如他自己所说的，别人看画是个纸片子，我看画能看出它的五脏六腑。

此事过去了一周后，又来了一个中年人要求验关，打开一看依然是王石谷那幅画，只是刷上了一层黄旧的颜色。刘光启生气了，质问道：“本来很好的一张雪白干净的王石谷，你糟蹋成这个样子，你们这是破坏文物。这画虽然在你们手中，可它是咱民族的财富。”

来人并未被他的情绪所感染，也不顺延刘光启的话头，而十分内行地说：“您看看，这东西是新东西做旧，您千万别把这破烂看重了，什么好东西，你要是不信，我明儿个拿十张给你。”

刘光启气得声音有些颤抖了：“这是咱天津名医家的东西，这幅画查抄后我给编的号，别说你涂黄了，你就是涂上一层墨我也能把它认出来！”

来人终于撕去了刚才的伪装：“这个画你让走也得走，不让走也得走。实话告诉你，市头儿听咱一句话，你若不识相，我不出一周让你挪挪地方！”

刘光启从1963年接替当年的韩慎先做出口验关工作，从来是软硬不吃，别说你摘了乌纱帽夺了印把子，就是此时把亲爹搬出来，他也照样六亲不认。

那人悻悻地走了，刘光启稳稳地坐在这个位置上，从20世纪六十年代直到九十年代，三十年过去了，他依然稳稳地坐在这里，在他的视野里，文物是难逃他这双神眼的，他的眼中没有盲区。

4. 名画在这里没有暗道

文物管理处坐落在天津高级住宅区“五大道”上，这五条街道原属租界地，从解放前就居住着一大批各色的有钱人。在这里，白天行人很少，连商店都很少，公共汽车线路不从这里经过，运货的汽车、兽力车不允许通行，这里的噪音、空气污染控制在最低限度。虽然，这里表面静谧而沉寂，然而，文管处却时常是剑拔弩张、紧张异常的。

文管处是个三层楼的欧式建筑，色调沉重的外表、黑洞洞的窗子给人以神秘感。对于普通身份的老百姓，这里的职权到底是什么不知道，对于有海外关系、本人出国的人来说，这扇大门的分量他们早就了如指掌了。

王女士从天津到美国，由于亲属的关系很快就取得了“保卡”，这样，天津的一部分家产她想带走。她知道，祖上留下的几件官窑瓷器和字画使她大伤脑筋。人毕竟是聪明的，她终于打听明白了，盖火漆掌印把子的是刘光启，一个貌不出众、平平常常的人。

壬子歲七月五日雲林生寫
屋角春風多杏花小齋容膝
度年華金梭躍水池魚戲彩鳳
栖林澗竹斜亹亹清談霏玉屑
蕭蕭白髮岸烏紗而今不二韓
康價市上懸壺未足誇甲寅三
月四日檗軒翁復携此圖來索
謬詩贈寄仁仲醫師且錫山
其故鄉也容膝齋則仁仲燕
居之所他日將歸故鄉登斯齋
持卮酒展斯圖為仁仲壽當
遂吾志也雲林子識

功夫不负苦心人，她的一个亲戚解放前与刘光启一起共事，多少年来关系一直很好，王女士心里默念着“天不灭曹”，于是径自找到刘光启。

王女士一进刘光启的办公室，这里立刻变成了兰麝之室，王女士搽的名贵香水对刘光启来说并不陌生。王女士很快与刘光启熟识了，并认了一个“叔叔”。

“刘叔，我想回美国前请您吃顿饭，看到您像是多年不见的长辈，很亲切，想不到您这么平易。”王女士最后这句话是真心话，在她的印象中，掌握这种“生杀大权”的人起码两眼朝天是看不见人的。

刘光启推辞了一番，对方依然诚恳异常，于是刘说：“那也好，我和老张很长时间没见了，咱都一块儿见见，好好谈谈。”刘光启心里明白，这虽然不是什么鸿门宴，但后面要做什么文章已经一目了然了。

按照刘光启的意思“饭局”很简单，但相互越谈话题越多，王女士趁机拿出两幅画，一幅是大中堂画，工笔山水是天津民国时期陈曾寿画的，虽属精品但未超年限，刘启很爽快地说：“想带走吗？我给你打火漆。”

王女士没想到对方如此爽快，立刻抽出第二张，这是一把团扇，文物行中称之为“圆光子”，是韩骧的工笔花卉，刘光启一见马上又说：“韩骧这么精到的东西很少见，这两件你明天到我那儿打火漆。”

事情过去了。翌年夏，王女士又来到文管处，依然是旧戏重唱，刘光启笑了：“小王，人家常说吃人嘴短，我这人吃人嘴不短。从60年代到80年代我从来不吃请，到了90年代我也改革开放了，对方诚心诚意请我不驳面。可话说回来，吃完了咱公事公办。”

王女士当然不会收回成命的，吃饭间拿出了三幅字画，一幅是黄宾虹的山水，另两幅一个是清初的翰林对子、一个是钱载的花卉。刘光启看完一摇头说：“这三张一张也不能走。”

王女士不解地问：“刘叔，这几张绝没有上两张好。”

刘光启坐下说：“的确，上两张是画家的精品，一个画家他的精心之作与应酬之作相差十万八千里。可是，字画一讲究名头儿，二讲究年代。我们文物出关有三个杠杠：一是1795年以前，即嘉庆年间的绘画一律不能走；另一是以乾隆年为限,清中期以前的字画杂项一律不能走;再有就是1911年以前的墨、古钱等不能走。你上次走的两张虽然好,但未超年限,此次这三张确实一般但不能走,像黄宾虹、傅抱石、何香凝、徐悲鸿等近代画家也有专门规定。”

王女士明白了,依然在讨价还价:“刘叔,上次还放了两张,这次也别一张不放。再说我盛情……”

刘光启笑了:“上次两张你不请我照样走,这次的三张你请我吃八顿也没用。”

在这三十年的验关中,人们为了将文物带出国门,可谓绞尽脑汁想尽一切办法,也有的确实不知画本身的价值,尤其这画年代久远,结论不一,但作为文管处的“主检官”刘光启在这把交椅上坐白了头发,然而那双眼依然像是穿墙透壁般的犀利,这一天,他的眼睛又放光了——

案头上是一本册页,旧的木板已经出现裂痕,打开旧纸发出一股霉味,这是签有八大山人名章的花卉,据来人讲此物已经别人鉴定,属于假八大,可以出关。

对于海关来说,凡明清同时代造假的名字画也不能走,而现代人造假的假画一律放行,因为文管处不是药品监督部门,一发现假立刻寻根溯源,一棍子打死。而对于艺术品的真伪他们只管鉴定,因为这种“版权”之争属学术领域,而他们只负责真正的艺术品不能走出国门半步,这也是国家主权和民族文化的捍卫。

然而这个八大山人的册页虽然破旧霉味但个中透着一股“禅味”。八大山人是明末清初人,在画坛上属于开一代画风的怪异之士,正如一幅楹联谈他:“谈吐趣中皆合道,文辞妙处不离禅。”所以看他的画必须从此中入手。

刘光启端详这本册页良久,问一家文物商店的负责人为何要走这件东西,对方不以为然:“这是假八大,假得没谱。”

刘光启放下册页说:“谁说是假的,这是八大山人早年的东西,一般人看其后半段,并不了解他画的初成阶段,这本册页你们作价多少?”

“1500元。”

“不行，决不能走。这样吧，可能过几天北京的徐邦达、刘久庵两老先生来，到时请他们再看看。”

没出一个月，徐、刘二先生来津，看到这本册页拍案称好，不仅是八大的真迹，而且是世上少见的八大早年，最后此件册页定价人民币二十万元。

在这三十年的验关生涯中，他像一名岗哨，睁大眼睛笔直地站在那里，为国家截扣一二级品等书画千件之多，为博物馆增添了馆藏。像清人陈老莲的《八公图》，萧尺木的《浅绛山水长卷》、沈石田的《西湖草堂图》，一批文徵明、董其昌、赵左、四王的精品。

第七章

1. 以真当假的倪瓒《枯木竹石图》

在元代画家倪瓒的条目上这样写着：倪瓒(1301~1374)，字元镇，号云林，别号繁多，有号幻霞生、荆蛮民、无住庵主等。有时自称倪迂、懒瓒、东海瓒等。江苏无锡人，生平好学，诗文书画俱佳。书有晋人风度，画工山水、墨竹。因其山水画成就卓著，与同代山水画大师黄公望、王蒙、吴镇并称"元四家"。

倪瓒在中国画史上有一定的地位，流传的画并不太多，在上海博物馆收藏有倪的一幅山水画《渔庄秋霁图》。这幅画是画家五十五岁时所画，描绘的是太湖一带王云浦渔庄的深秋景色。十八年后，收藏者又携此画请倪瓒再题跋，其诗文抒发了画家抑郁悲凉的心境。

倪瓒的画真迹流传得不多，但做假的倪瓒却不少，刘光启所见的真迹不过三四幅，然而见过的假倪瓒有几百张。但就是在这少有的几幅中，刘光启却漏掉一张，因此金石山房"名"震京津，成为当时古玩行中一大热门话题。

1953 年末，刘光启从一旧军阀家拉来一三轮旧字画，搬进了金石山房的套间中。这里既是仓库，又是刘光启的卧室，每到晚上，他要将当天买到的字画从头到尾翻看一遍，分出高、中、低三个档次。

高档的如宋元明的一些名家。不过宋人书画离当时已久远很难看到，即使是有也是藏之密阁轻易不出手的。元代的画时而在市面有见，如赵孟頫、倪瓒、鲜于枢等人的作品。由于宋元已属珍品，对刘光启来说，所见不多，再者在他意识中，认为宋元以来皆为赝品。明代如祝允明、文徵明、董其昌、宋濂等已是炒得很红的名人，刘光启一般很留意。

中档的一般是清代名家，像四王吴郓，即王翚、王鉴、王时敏、王原祁、吴历、郓寿平。另外还有小四王，即王愫、王玖、王昱、王宸；还有后四王，王廷元、王廷周、王鸣韶、王三锡；此外金陵八家、扬州八怪等。至于下档则是清末民初和天津本地的一些书画。

刘光启熟稔地打开字画，细心地察看每一个题款，忽然一张仕女图呈现在眼前，他看了看发现是唐寅画。这幅画虽然是假画，但从用纸用墨上及题款线条上均有一定的功力。在北京，刘光启听掌柜的说过，做假画在旧北京是很厉害的，他曾到过一处做假画的铺房，到那里去拿画，旧纸、旧色和老墨老印泥，按明旧画临摹，可谓惟妙惟肖。这还不算，还要在装裱上做旧，的确不简单，这样的假画常常使一些人上当。

刘光启曾问过掌柜的，说这般做假值得吗？掌柜的说，这种铺面收学徒必在十岁上下，来这半年每天任意画，而后经仔细观察由掌柜的甄别哪个人擅长写谁，哪个人擅长临摹谁，凡有一技之长可连续十年八年临摹某名人真迹，这些作品经做旧常可赚大钱。

刘光启将这假唐伯虎放在高档上，或许能卖出大价钱。他随手又放下一个立轴，打开一看是一张三尺长一尺宽的纸本画，周围从诗堂到两侧，密密麻麻地题满了字，其中不乏收藏家，也有明清以降的书画家，刘光启摇摇头，心说又是一张披挂齐全的假画，于是也放在高档画中。

又翻看了一阵，忽然想起刚才那幅画，于是又重新拿起，仔细一看竟是元代倪云林的《枯木竹石图》。从构图看，确实是倪本人的“逸笔草草，不求形似”，构

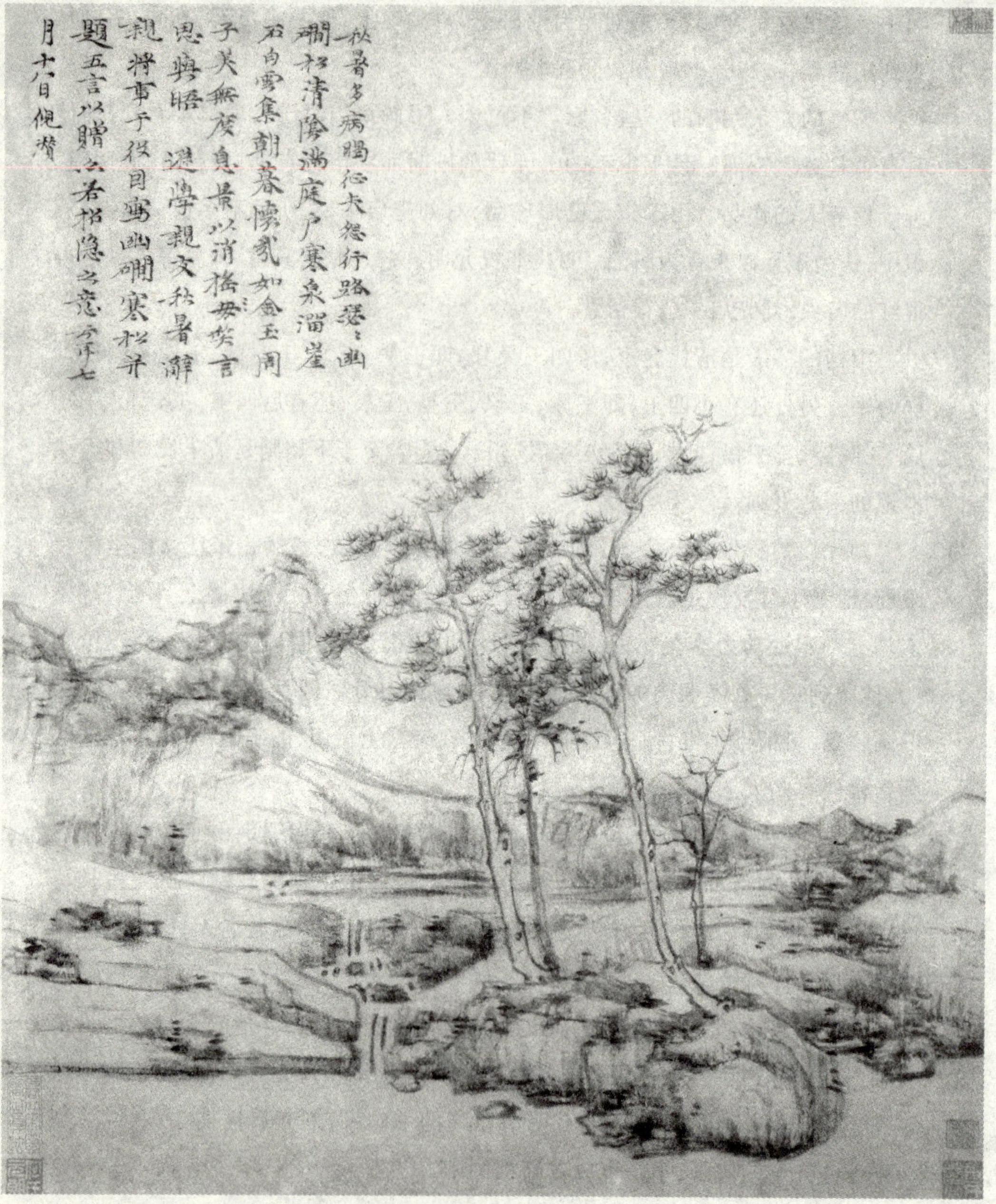

图十分简单,但周围众多的题跋总是给人以故意“披挂”的感觉。思索半晌,觉得是张假画,因为凡是这种大名头假得太多了。

翌日,正是星期日,金石山房骤然热闹起来,老主顾新主顾一齐拥来。刘光启想起昨晚的这张倪云林,急忙拿给掌柜的看,掌柜的沉吟了半晌同意了刘光启的意见,于是刘光启打入低档中,标价二十元。

刚把画放下,有一只手又将它拿了起来,刘光启一看竟是古玩行掌柜赵先生,他哈哈一笑道:“周日闲来走走,看看你们这进了什么东西,咱串串行。”掌柜一见拱拱手说:“随意,随意,赵先生来咱好商量。”

赵先生一笑说:“这件倪云林我拿走。”随手又放下二十元钱,悄然而去。

不过三天,王掌柜急匆匆地回来,搓着手脸红红的:“小刘,咱二十元卖的倪云林,人家转手卖给北京给了三千元。唉,咱没赚钱的事小,这脸丢不起呀。”

刘光启心猛的一沉,他知道,漏掉这张倪瓒对于他,一个二十岁的毛头小伙不算什么,但对于干了一辈子的掌柜的来说,这可是件奇耻大辱。这一天,刘光启心沉沉的,眼前总晃动着这张《枯木竹石图》,他暗想,宋元画自己是弱项,在这上决不能任其弱下去……

正想着,忽然掌柜的凑过来,悄声在耳朵边说:“小刘,你看来了这么多熟脸儿的,知道为什么吗?”刘光启一瞧,已到了上门板的时间了,今天突然来了许多人,大都是古玩店书画店的。

夜来临了,喧嚣的金石山房突然沉寂下来,刘光启正在查阅有关图书,想更多地了解一下元代画家。王掌柜悄悄地来了,手里提着只烧鸡,进门就嚷:“刘儿,咱好好喝喝,大买卖又来了。”

刘光启正为这倪云林画堵心,见掌柜的这样高兴颇为不解,掌柜的诡秘地一笑,小声说:“咱打眼的事连北京全哄哄开了,许多人准备上咱这淘金来呢。咱索性装傻装到底,今儿个你晚睡会儿,把前几年收进来的后门捯、山西捯、上海捯统统拿出来,肯定咱要发笔小财。这也是风水轮流转,我赚他不赚。”

果如掌柜所言,一连十天,天天金石山房内顾客比肩接踵,人们都有这么一个错觉,走了一张倪云林,肯定还有其他名画,或许拣个便宜。这十天,卖掉了大部分的假画，连那张假唐伯虎也卖了个好价钱。王掌柜笑逐颜开，而刘光启总没有忘掉那张《枯木竹石图》，这是在他的卖画生涯中出现的第一个大失误，虽然这个失误给店里带来了意外效益，但在刘光启的内心却留下了难以磨灭的印记。

2. 以假当真的齐白石《十三老图》

自从倪云林漏走之后让同行赚了大钱，但作为金石山房也是难免的，任何一个医生都有误诊的病例，任何一位书法家都有写误笔的时候，这当然属于正常现象，可刘光启本人却以此作为基点，开始了对宋元画的研究。虽宋元画在市面上流传已寥寥，但把它当作书画鉴定的一个课题，刘光启开始攻关了。

作为人都离不开生理现象的支配，当一个人专注地注视某种东西时，其视区之内有盲区，于是下一个盲区出现了。

1956年公私合营了，当时正值夏季，店里走进一位老者。对襟的月白小褂，青布绸裤，一双布便鞋，从老者的眼神看，是个很精明的人。见店堂只有刘光启一人，微微一笑道："小师傅，我家中有一张齐白石，画的是《十三老图》，确实是在白石老人画中所不多见的。您若有意，请到家中看一看。"

对于齐白石的画刘光启说陌生也不陌生，记得前几年见过许姬传先生，那时还在北京琉璃厂，许先生专门谈过齐白石，说"五百年来无此大手笔"。他讲过一段轶事，许先生曾去上海古玩店，时不时买几件书画，但从不买现代人的字画。有一天，好友张葱玉从汲古阁取回一个裱好的手卷，说是新买的齐白石，破例让我看一看。打开后是花卉、虫、鱼、虾，设色浑厚，以虾为最妙，后面有张葱玉的题词，说白石老人从青藤、石涛、八大和吴昌硕处得笔但能超迈前人，五百年来无此大手笔。在那时，刘光启记住了这句话，稍稍留意起来。

那时众多的明清诸家字画是热门，一些当代画家均不太热，即使是张大千、溥心畬也不过如此。

听老者一说有齐白石的画，刘光启心动了一动，但心气不算太高。老者见状又说:“这齐白石可是要火起来,你知道吗?白石老人原叫齐纯芝,他家居湖南湘潭县白石铺,所以以此为别号。他的书画印均好,这幅画是我家的传家宝,近来老伴有病才想卖的。”

刘光启答应明天再去。因为他也要有备而战,晚上再查查有关资料。他在灯下,查找手头有关的记载,终于查到:原名纯芝、字渭清,后改为璜,字濒生、号白石,别号借山吟馆老生者、寄萍老人。年轻时为木工,六十岁以后“衰年变法”,形成自家面目,擅绘花鸟虫鱼,但偶尔也画人物。

第二天一早,刘光启来到老者家,只见一只大红木镜框内一幅齐白石画,只见上画的是一棵老枯树,老枝上栖息着十三只乌鸦,乌鸦俗称“老鸦”,故而谐音其“老”字,而称为“十三老”。这幅画长有五尺,宽有三尺,是一幅颇有气势的大画。

最后以七十元成交。

晚上,他特意请来专门研究当代人画的曹老先生,先生一见笑起来:“想不到猴精猴精的刘光启也有上当的时候,这是幅假齐白石,不过还属门内假。”

齐白石至四五十年代时已形成一家,其影响在南北画坛颇大,所以做假画从那时已经开始了。齐白石有众多的弟子,此外还有儿子、女儿等,这些人从师白石老人,有的功力极佳,作品与其师放在一起几可乱真,一般人很难辨识,若这样的画落上齐白石的款,称作“门内假”。至于“门外假”是因白石作品社会上流传很多,一些人喜爱之余也造些假画,这样的画从功力上就相差甚远,让人一看便知。

刘光启万没想到这齐白石竟是假,愣愣地站在画前,曹老先生坐在椅子上呵呵笑起来:“齐白石的画上有一种农家气息,质朴、率真、自然,这与他农民出身、木匠出身不无关系。他的号如‘木居木’、‘木人’、‘老木’、甚至有时题名‘鲁班门下’,这都可知他不忘木匠之本。再有,他本人是农民出身,颇重情感,画名有‘杏子坞老民’、‘湘上老农’等。”

刘光启听着听着忽然像悟道似的“心有灵犀一点通”了。曹老先生继续说:“齐白石极重感情,他曾用一枚‘佩铃人’印章。这因他少年辍学,每日带二弟纯松上山砍柴、牧牛。祖母不放心，就依算命瞎子的主张，用红头绳拴一小铜铃系在白石颈上，说能逢凶化吉。直至晚年白石还有诗道，‘身上铃声慈母意，如今亦做听铃翁’。”

曹老先生见刘光启不说话，以为他心里难过，急忙安慰说：“你呀不用走脑子，惯骑马惯跌跤，咱这行不看它真假，只要赚钱就行。你这幅画给我，我不出三天出手还得赚钱，信吗？”

刘光启见老先生误解了他的意思，笑了一笑说：“我正在琢磨这幅画假在哪儿，吃这行饭不怕一时迷糊，就怕一辈子糊涂，弄明白了，以后我摔跤也不从这儿摔。”

曹老先生走了，店堂内空空荡荡的，他死死盯着那幅画，一连三天，他一到晚上就看那幅画，又从曹老先生处借来几幅真品和赝作，细细地揣摩起来。

六十年代初期，他又遇到一幅齐白石画的《桃花图》，画幅一尺宽四尺长，通篇功力雄强、笔下遒劲，桃花灼灼如火，这幅齐白石几乎没有人看假，并定为齐白石的精品。刘光启看后认为这是一幅伪作，为此他发表了一通议论，后终证明他的论断正确。至今有人提及此事，还拜服不已。

他认为，在鉴定界，凡谈假画必定是画艺不精者，虽有些相像，但毕竟能察验出破绽。例如齐白石虾之假者，从身躯的弯曲、到虾须的描画上，都是虾身死板不活，虾须缺乏力度。从形态到神气均无，这样的假画人们一望便知。然而此幅《桃花图》正相反，从其功力、构图、着色方面均十分老到，甚至可以这样说，在某种程度上比齐画还要好。

刘光启认为，做假画必然从其特征上下手，正如画像，抓住人的面部特征极容易画得像。然而，若一切都画得太俊，就会失其真，正像我刘光启，尖嘴猴腮的是我，浓眉大眼的美男子不是我。这张齐白石恰恰是因为画得太好了，所以也是一个破绽。

从 1956 年至今，刘光启看过大大小小的几百张齐白石，各种情况都有，他一断即准，从未再打过眼。

3. 从眼皮下溜走的文徵明《辋川图手卷》

五十年代，金石山房中有一件手卷，那时随便放在柜子的抽屉中。一天，刘光启开抽屉发现了这个手卷。这是一个设色的画卷，上面描绘的是唐代大诗人王维诗下的意境，第一的感觉是"太暴"。凡大家的东西都含蓄自然，于是漫不经心地往后看，竟是文徵明。他随意浏览了一番又放了回去。

在书画鉴定行当都有这样一个共识，在手卷、册页、条幅、横披的几种格式中，以手卷最难鉴别。一张条幅或中堂，通篇是一个完整的艺术体，从画的总体构图，到题款钤章都有一定的格式，在这么一件画作中，很难加上什么，也很难减去什么。在鉴别上有时仔细观察能发现作伪的痕迹。如曾有人将一残画上名家题跋裁下，补在一张作伪的画上，虽题款处几经涂盖，细心人一般都能发现。

然而手卷作伪相比之下容易些，故而在鉴别上造成难度。手卷一般较长，前面有引首，是置于正文前的一段文字，拖尾有题跋，这样就等于像仪仗队，前呼后拥鼓乐齐鸣，当人们的注意力集中到"鼓号"方面时，轿子中坐的恐怕是个"假人"。据记载，大画家沈周沈石田雄踞明代四大画家之首，当时有人模仿他的一个手卷，然后请同时代的名人题跋。沈石田初见此物，就是只注意了前后的"仪仗队"，因为当时名流的题跋真真切切，他自己也被弄糊涂了。于是留下手卷细细观看。

毕竟是他本人鉴定本人的作品，他发现在一些细微之处有破绽露出，再经细看发现这是同代人的一个摹本。原来有人用沈周的一个摹本作为真迹，找到同时代的名家题跋，由于题跋是真迹，尤其到了后世就很难断假了。这种作品在古玩行中称之为"捯棺材"。这是十分形象的比喻，这让人想到出殡，前面吹吹打打，后面孝子哭哭啼啼，而中间的棺材中的死人已被"捯走"。

正因为如此，刘光启对这文徵明手卷未置一词。掌柜的聊闲话，说这个手卷是一熟识的朋友代卖的，可这种假货如何好卖呢？晚间无事，刘光启细细地端详这个手卷，又查阅有关资料，觉得不是什么真品，放回抽屉。后来此手卷被本主取回，再也不知下落。

又过了几年，刘光启去北京故宫，在展柜里发现了文徵明的《辋川图》。他立刻找到了当时在北京文物管理处工作的徐邦达先生。徐先生和他在琉璃厂鉴光阁就熟识，当提及这个《辋川图》时，徐先生说："这个手卷从你们天津买来的，真的，而且挺好。"

刘光启听罢心一动，说："这件东西在我们那儿放了很长时间，大家都看假，我看也不真，不知这道理在哪？"

徐先生莞尔一笑，伸出四个指头说："凡事要讲顿悟，我只告诉你这四个字，'温润如玉'，这手卷的一切妙谛尽在此中。"

刘光启又拿到这个字卷来来回回地看了不下十遍，而后猛地一拍大腿说："哎呀，我怎么就没往这上看呢？愚蠢，蠢到家了。"

徐先生笑而不语，刘光启说："这张设色的文徵明若色彩不显我尚敢认，这设色太露我以为太暴，岂不知这正是文徵明'温润'的一个特征。"

的确，从沈石田到文徵明，同时代的伪作不少，这些不仅仅是印章、题款异同的辨识，主要是从个性上突破，抓住了其作品的个性，即使是时代作伪，也能发现其作伪的痕迹。从这个手卷上刘光启悟出了这么一个道理。

1986年，天津市大收藏家张叔诚先生拿来文徵明一个大字草书手卷，这个大字手卷每字比拳头大，这与平日所见文徵明的核头行楷温雅韵致的风格不同，所以这个大字草书许多人见了认为是假的，其理由十分简单，在众多的文徵明作品中，没有这种风格的字。刘光启仔细观摩、研究，最后确认为是文徵明的传世之作。其中有一点大家都未看到，那就是文徵明书法的"高峻崚嶒"之气，这种气质绝非一般作伪者所能达到，乃文徵明书作中的绝品。

1988年，有人将此件手卷再送北京，请徐邦达先生鉴定，刚一打开，徐先生一拍大腿，跷起拇指说："好，真乃文徵明的绝品！"

4. 吴昌硕《花卉》六条屏与王原祁山水画

1957年，刘光启用240元买了吴昌硕花卉六条屏，这六条屏确实有吴昌硕狂草奔放的笔致，于是喜滋滋地拿回来了。

吴昌硕生于1844年，卒于1927年，他是浙江安吉人。原名俊、俊卿，字昌硕、仓石，号缶庐、苦铁、大聋等。年少的时候生活清苦，后勤学苦练，在书画印上自成体系。他画的梅花有篆书的功力，画葡萄、紫藤似书写狂草。正像他自己所说的，“草书做葡萄，动笔走蛟龙”。

吴昌硕作画严谨，三十多岁学画，一直到四十多岁才肯将画示人。齐白石对吴昌硕推崇备至，曾做诗道：“青藤八大远凡胎，缶老衰年别有才。我愿九泉为走狗，三家门下转轮来。”所以吴昌硕作品在当时也是十分俏销的。

晚上，将六条吴昌硕悬之于壁，吃过饭躺在床上，手枕在脑后上上下下打量起来，奇怪的是越看越觉得不对劲，急忙找出当时珂罗版的吴昌硕画册对照，觉得这条屏上的葫芦、藤萝用笔臃肿，不同于吴本人的刚劲画风。

为了证实画假，他仔细地观察整个画面，从细微之处来证实自己的判断。从整个题款看，吴昌硕喜欢在画上长跋题诗，其字雄健能融各家之长，此画在题跋上仅有常见的名字等。一般来说，款有大小繁简之别，简单的小字有仇英的款以及宋人画上的款，小且简单，这样的款容易伪造、模仿、勾填，乱真是很容易的。近代以来，一些人利用印刷照相技术，与印章的伪造结合，伪造的印章与原章不差毫末。然而，近代画家的题款有越来越大的趋势，而且文人画得兴起，将书法、诗词等引入到画面上，这给造假画者形成一定的难度。像吴昌硕，比较典型的现代文人画，这六扇屏用字如此寥寥，这是怀疑不真的一个因素。

然而，刘光启看假，这个因素不是主要的因素，因为洞观画的全局有一股说不出来的东西在告诉他，这是张假画。

街上沉寂下来，桌上闹表秒针的走动声显得很大很大，“滴答，滴答”，像汽车飞驶、像火车奔跑，这是由于周围环境没有了干扰，这本来不成为声响的声响成为最强音。

见微知著，闻小如宏，这便是做学问的一个境界。刘光启突然由钟表的滴答声想到《纪昌学射》这篇古文。纪昌向飞卫学习射箭，飞卫不是怎样地教他练习拉弓瞄准，而是要求先练眼力，达到视小如大、视微如著，有了这个功夫再谈射箭。于是他将虱子悬在窗上看了三年，竟然像车轮一般大，再看别的东西都像山丘一样。这样再瞄准目标射箭，看得大瞄得准，射无不中。鉴定书画何不如此？

他苦苦思索着，与吴昌硕的真作相比，终于得出这样一个结论：这几幅画临得相当好，属于有本之源一类，但就在细微的枝干藤条上，缺乏吴昌硕的枯瘦苍辣，故而显得浮胖臃肿，但这是经他细心体味经“放大”而得出的结论。

没过半年，此画被北京同行人买走，后经专家鉴定，此画是同时代高手做假。再一次证实了刘光启的判断。

人常说，任何一种行当都是初生牛犊不怕虎，刘光启第一次买画果断买来王原祁。然而另一张王原祁却是伪作，至今只有他自己明白。

六十年代，刘光启在上海见到一幅王原祁大山水，这幅山水绵绵密密，层层叠叠，一看是一幅难得的精品。于是立即买下交博物馆作为一级品珍藏。

二十年过去了，这幅画又一次展出，他站在展厅前多年的疑问突然又冒了上来。

王原祁是清代很有影响的大画家，被称为小四王的王昱是他的族弟，王宸是王原祁曾孙。王昱字日初号东庄老人，他以画山水得名。其笔下的山水淡而不薄、疏而有致，有自家面目。然而，这幅王原祁的大幅山水确与王昱山水如出一人之手。刘光启又找到王昱山水画相比较，证实了自己的判断，又用王原祁的画反证。王原祁是个佛教徒，史载其画画善用“金刚杵”，并有一枚闲章“以书画做佛事”。他的画给人的感觉是浑圆一气，别有一番情趣。而这张王昱代笔的山水精致细腻、绵密工整绝非王原祁的风格。

然而这幅画确实是很难得的精品，不愧博物馆定为一级品，但是刘光启却自己“打倒”了自己，自己推翻了自己的定论。这由此让人想到老子《道德经》上的一句话：“胜人者有力，自胜者强。”这种境界是阶梯，让人进入艺术殿堂，进而高屋建瓴。

1987 年 10 月，新华社报道了在青岛讲学的史树青、刘光启发现用金银字书写的《妙法莲花经》，这件稀世珍宝的发现轰动一时，各大报纸纷纷报道这一重要发现。刘光启再一次令人信服地展示了他的鉴赏水平。

第八章

1. 工具鉴定类推法

在古玩行当中,书画鉴定是比较难的,瓷铜玉石较之字画则要容易得多,在这个问题上早已有人下定论。字画,古玩行中称之为软片,软片包括字画碑帖,碑帖又称之为黑老虎。书画的鉴定首先要背名字、记款识、记印章,这是看画真伪的“初级阶段”。凡入古玩行之初,没有一个不是先看题款印章记住书画家的名号籍贯等,有了这第一步才好判定是真是伪。

刘光启所言“工具鉴定类推法”就像算账利用算盘一样,一加一等于二,二加二等于四,以此类推而已。

看画就要先按字画本身的条件去看,一步一步地进行。一般的看画程序是,先看题款,认定这幅画的作者,而后再看印章,尤其是古人,名、字、别号甚多,如款押均无误,再看通篇的画。看画的学问当然是多多益善,某一个人的东西看多了,自然会总结出一定的规律。然而,我们每个人的条件是有限的,不可能纵观某一画家的全部作品。但是,举一反三、驾一驭万,虽然有时会以偏概全,但客观的总结还是必要的。

题款印章是保证字画真伪的一个条件，在中国的台湾以及日本的一些鉴定家常常用科学仪器来验证印章题款等。将画家常用的印章转入到计算机，将鉴定的字画印章亦输入进去，经缜密的计算后证明是同一印章即是真，否则就要继续论证。

但这种方法目前面临挑战，现代照相技术可以用电子扫描的方式将印章复制出来，这种复制的印章用现代技术很难识破。诚然，古代的印鉴出现就是一种进步，它通过印章的尺寸、篆法、笔画的变化、阴文阳文等，构成专门的、唯一的证明，这很像古代的虎符、封泥、元押，是防止假冒做伪的一种手段，在一定程度上还是很有用处的。

在当今书画鉴定上，印章鉴定依然是一个重要的依据。

另外一种印章是收藏章，这是为书画的“真”保驾护航的。如被誉为大收藏家的项子京，只要有其图章，其画就增加了可信度。再有有的画有皇帝的玉玺，即使这件字画不是真的，有了玉玺也是十分有价值的。

再有重要的一点是，凡是艺术水准高的字画，或有本人题跋、或有后人题跋，这些题跋既肯定字画本身的价值，同时也是字画本身流传的“档案”记录。这些题跋本身作用于书画，其内容或以诗歌形式来咏叹书画，或以文字来评论书画，或是用文字形式记述字画作者，更有的是议论前人的题跋是否得当加以新的评述。

这些便于后世之人鉴定，增加它自身的要素。1990年，刘光启到一朋友家串门，朋友说近来连画带框买来一张王石谷，作品极精。刘光启见此画镶一个雕花红木框中，挂在床头的墙上。刘光启不便脱鞋上床观画，眼睛看了半晌画，突然问道：“画上是不是有两句诗？”因为距离太远，根本看不清画上的题字，主人点头答道是有两句诗。刘光启笑着念道：“是不是这两句：‘云迷古木千嶂秀，山抱晴川一掌平。’主人听罢惊诧地点点头，说：“你怎么知道？”刘光启说：“这张画在台湾了，你这是张印刷品。”

后此人将画从红木框中取下，果然是一张印刷品，但做旧十分巧妙，很难让人认出来。刘光启就是凭藉上面的题诗作为特征,证明这张画的去向。

另外,利用历代的著录对画予以甄别。这种著录对画本身的价值起到直接的作用。凡是画家能进入典籍著述的,证明画家的名气和地位;凡是某一件书画见于某一著录的,更说明字画本身的价值,这具有很大的威力。

在目前的一些旧物市场,那些旧物贩子购得一件字画后,先从著录上查到这一书画家的名字,不论真假立刻十倍其值。然而,凡有伪画者大都是有一定名气的书画家,其中因素很多。

如有的画家名气大有笔单,客人慕名前来。点画的内款有时并非是该画家所擅长的题材,于是请捉刀者自己再题款钤印;有的作者约稿太多,难以应酬,于是指定自己的高足为之代笔。正像社会流传的逸事:有人到溥心畬处求画,润笔交上去问什么时候交画,溥道:“很快,后面正画着呢。”这使来人十分疑惑。

另一种是名家仿名家的画。80年代末,举办书画收藏展,一人献出一石涛册页参展,刘光启观后说这是张大千造假,为让众人增加眼力,其借来真石涛和真张大千,与这假石涛相比较,“三头对案”立刻“狐狸露出尾巴”。刘光启说:“石涛画属禅家画,张大千是画家画,其摹石涛有其画意,但无禅意。其真其伪,一望便知。”

对于张大千造假画是人所共知的事,弄得当时古玩行中胆战心惊。对此许姬传曾与几人一起住在大千先生的网狮园,在众人午睡时去其园内闲逛,见一屋推门进去,发现墙上有许多裱的画,有唐伯虎、沈石田、石涛、石溪、王石谷、王麓台。仔细一看是大千手笔,其中一张王石谷《暖岚暖翠图》青绿山水,其画意、款识、印章均可乱真。若不是亲眼所见,许姬传说,这张画他本人肯定要当真画买进的。

但无论怎样说,款识、印章、题跋、著录是断定真伪的最初步骤。这些符合各方面条件,再可以从纸绢和装潢上断定年代,以此判断真伪。装裱是有时代特征的,如果是原裱应仔细看看与其当时的风格是否接近,如果相差甚远,其中可能有假,再者纸、绢本身的年代也很重要。

这种鉴定法可以用类推的方法一个一个地解决,既是最简单的,也是最实用的，对于初学者，对于书画鉴定者都是一个不可缺少的基本方法。

2.“围魏救赵”反推法

1983 年刘光启到杭州讲学，在讲课的时候，杭州博物馆的研究人员送来一幅画，署名魏湘，这幅画一时难以断定年代等。刘光启立即采取了“围魏救赵”法，解开了这张魏湘画的谜团。

按照类推法先查看款识，从而认定这个人的字、号，所处年代，师承关系，名气大小等等。然后，在传世的众多的画作中，人们能一望便知的名头不过几十个，即使是专门从事字画研究的人，也会受到所研究的专项、专人或某一流派的限制，范围也不会很大。从《中国历代书画家大辞典》中，辑录的书画家也不过几千人，然而流传在世的许多字画的作者却游离在这个辞书之外，再加上书画家繁杂的众多的字号斋名等，给鉴定字画者带来诸多的困难。

首先，一些画家查工具书根本无从查起，各方面的记载浩如烟海，根本不可能查到，采用逆向的反推法与类推法正是相反的方法。类推法是由此人的一点推而广之，从而确定作者在当时社会的活动情况；反推法则是从时代到地区，从流派及个人，逐步缩小范围，从而再小范围的查找，必能有结果，这很像是兵法上的“围魏救赵”。不直接攻取某一点，而采取迂回战术攻其他要害，其坚不攻自摧。刘光启看到魏湘这个名字也一愣，因名头太小不知晓，但是他先划定这幅画的年代。

他说，从装裱和画风来看此人乃清代中期人，其绘画风格与蓝瑛一派相合。蓝瑛是清代画家，是在杭州创立武林画派的重要画家，这种画以工细为主，当时影响很大，弟子云集，这幅就可以得出这样的结论：这位叫魏湘的画家从年代上说比蓝瑛稍后，但不会距离太远，乃清中期人；其隶属武林画派，很有可能是杭州人。缩定至这个范围之后，有关人员立即查找杭州地方画家记载，果然魏湘赫然在目：魏湘，字季方，武林人，康熙年间画家。

于是刘光启列出这样一个反推公式：

成化十六年四月七日沈周写

X=时代+地区+流派+个性

任何一个画家都有时代的烙印，同时肯定要有地区风格，再有他自身的流派与个人的特点都将给人一些已知的条件，透过这已知的条件就往往能够求出这个画家的未知数。

1991年，天津艺术博物馆收进一幅花卉图，绢本，横六尺高三点五尺，上面作者仅“顾汝言”三个字。刘光启接受鉴定后，他听说过顾汝言，明代万历年间人。因是个不太知名的冷门画家，具体的情况知之甚少。于是他运用反推法进行断代。

他首先看到裱工，这种裱法是万历至康熙年间的一种裱法，这种装裱具有时代特征，再看此画的落款，是很标准的明代万历年间的落款法。这样可以断定这是张明代晚期的作品。在画的周围有四五人的题跋，其中有的人有些知名度，是明代晚期之人，可以说与作者是同时代。刘光启又仔细看了画心，用双丝绢绘成，这种绢本是明代的东西。由此再推及到作者的书法绘画，作者的书法带有很强的文徵明的特征，其绘画也带有文徵明的画风，这样就可以断定，此画的年代是在文徵明以后，决不会在文徵明以前。由此刘光启得出这样一个结论，此画属明画，不会是伪作，有收藏价值。

再看画中所画的花，这种花很奇特，可以说不是世间的花。从题跋中可见，这种花是梦幻中所见，是佛教徒的幻梦而已。再研究题跋，题跋中有崇恩崇禹舲，此人是道光同治年间的大臣，既是朝廷命官又是当时的一个大收藏家。在画的角上还有一颗不大却引人注目的图章，此人叫杨绍和，是晚清山东一带收藏书籍的大家，他藏书印为“海源阁”鉴藏金石书画记，这些在历史书籍上均有记载，有了这些，就等于有了“披挂”，有了保驾护航者，就不必担心这幅画是伪作赝品了。

倘若我们一味地去研究顾汝言这个人，第一史书工具书中可以寻找，即使找得到，但对这张画本身的价值却难以确定。采用“围魏救赵”的方法，就是暂时放弃直接“救赵”，而是用“围魏”的办法予以旁证，就会出现“山高月小，水落石出”的局面。

一天有人拿来一张无款山水画，绢本，四尺乘三尺近乎方形，由于这幅画通篇无一字无一印，没有确凿的证据说明它的年代，故而不能确定它的价值。在这种情况下，唯一的办法只能用“反推法”。

刘光启仔细看了两遍之后，发表了自己的看法，从山水的流派看，属于米芾的“无根树，濛濛山”一路。米芾原本太原人，后到襄阳最后定居在镇江。闲来无事米常在江边观景，晴天看日出，阴天看山头濛濛的云雾，他的山水十分原始而写实，故而创出“米家山水”，对后世影响很大，其山水画的特点是无甚陪衬；到了元代米氏山水有了变化，元画家高克恭继承米氏山水，在云山之下加上了小桥和童子，并有了斜坡细草等；到了明代文徵明的山水，云上的山头露得小了，而且在断云上加上笔道，石头上有了草木，并有了近景人物。这些人虽然以米氏为宗，但所处的地域不一样，景色固然有变化。到了清代四王，在此基础上，画山出现了竖笔，即通常所说的“杠笔”，而在此前画山石加苔痕均为横笔。根据米氏山水发展的四个阶段，刘光启立刻断定此画是在文徵明以后，在清四王以前，正是此时代的画家所画。虽然没有画家题款，根据其画法令人信服地判定为明代画家画，后有人从北京来津，证明了刘光启的判断。

3. 步步为营剥皮法

鉴定字画的可信是将论据一个一个地列举出来，让人信服，这就使字画的真伪昭然若揭。步步为营就是找出一个突破口，一步一步地推进，一层一层地剥皮，最终使假面具、伪装全部剥下，露出真实的面目。然而，找其“突破口”是首要问题。

刘光启鉴定书画常常采用这种方法，取得一定的成效。刘光启鉴定《黄瘿瓢人物册》便是成功的一例。

天津有个名叫杨健庵的收藏家，1947年在劝业场旧书画店买到一本画册，画共十幅，长宽各一尺，题材为市井平民生活情态。然而此画的款识却是“黄盛”，没有一页标有黄慎、瘿瓢字样，上面只有宁化黄盛、闵宁黄盛。此套画册装帧精美，金丝楠面板十分精致。杨健庵一直珍藏到“文革”。

“文革”以后被抄走，后泥牛入海，直到1978年才在库房中发现。经过有关部门鉴定，一致认为是黄慎的伪作。然而刘光启经过辨识考据，认为是黄慎的早年之作，是传世不多的精品。

刘光启对这本画册先找突破口，因为他发现此画与首都博物馆收藏的黄慎扇面《碎琴图》风格十分接近，但没有证据，没有突破口就不可能使自己的立论成立。

刘光启先找突破点，黄慎是扬州八怪中人物画大师，虽然名扬海内外，但作品流传极少，别说在三百年后的今天，即使在其生前，李斗在《扬州画舫录》中记，作品已“不可多得”。正因为黄慎画作流传少，此套人物画更不能轻易放过。他发现“宁化、闽宁”及姓氏均与黄慎相同，而仅差一个“盛”字，然遍查书籍绝无黄盛这个人，说明这个黄盛极有可能与黄慎是同一人。

这便是攻克此画的突破口。既然宁化是黄慎的籍贯，在南方慎、盛二字的字音不分，在宁化又无黄盛这个人，这就使自己立论站稳第一步，而向第二步推进了。

另据史料载，黄慎确系曾将字躬懋改为恭寿，既然改过字，那么名的改动就不是不可能。另外，重要的一点是，其早年从师于上官周，所谓黄慎“早年师上官周工笔人物，晚年为粗笔”。从这画册人物中可以窥探上官周的风骨，同时与黄慎的晚年有相承之处。为此刘光启层层剥皮，最后下定论，因画册是黄慎来扬州之前的作品，乃稀世之珍。

杨健庵听到刘光启的分析，坚定了收藏的信心，从八十年代起，奔走于上海、山东、北京等地，广求专家鉴定，并将刘光启的鉴定意见告诸众人。1982年，武汉大学教授、研究黄慎专家刘纲纪、上海书画社以及有关专家经认真反复鉴定，确认为此画册是黄慎早期稀世珍品，于1982年末刊行于世，使这一珍品重见天日。

步步为营就是每断定一点都要扎实可信，而且在此基础上进一步推进。论证这件作品是真时如此，论证这件作品是伪时也是如此，都是找出一个突破口，进行剥皮,刘光启也戏称此为“削萝卜法”。

在历代的画中大都有题跋,这种题跋或是赞扬此件作品如何精,或是考据这幅画如何真。这些对于收藏者来说无疑是打上了“正品”的标签。然而若一见题跋便顶礼膜拜,这不是鉴定家的严谨。刘光启看画凭的是自己的眼,而不是跟在题跋的名人后面乱下定论。

一次,一位老者拿来一张仇英的作品请求鉴定。沈文唐仇被誉为明四大画家,仇英字十洲,工画人物鸟兽山水楼观无一不精,而且尤以仕女画神采生动。此画名为《百美图》,上面有吴湖帆的长题。于是他们开始了下面的对话:

“这幅《百美图》是假的。”

“假的? 你看见后面吴湖帆的题字了吗? 你知道这字是真是假?”

“吴湖帆是大鉴定家,他的眼力没错。而且你这题字确实是吴湖帆写的。”

“既然吴眼力好,这字又真,那画怎么成假的了,这怎么解释?”

“吴湖帆虽然在这上题了一百多字,可只是把仇英的身世说了,对此画无一字的评价,这是不是‘王顾左右而言他’。”

来者一惊急忙通读这篇长题。原来刘光启从打开画第一眼就发现这幅《百美图》虽精细却无仇英的神韵,这是一个突破口。以此为基点再往前进却遇到吴湖帆的题跋,于是他再假设吴字是假,然而细观吴字绝不是伪作,千真万确。吴作为大鉴赏家,一定在我刘光启之上,我能观出假来,难道……

刘光启再换一种方式向前推进,细读吴湖帆题跋内容,而后恍然大悟。原来吴当时或是碍于情面,或不愿让收藏者失望,于是就写了篇与此画不太搭界的“废话”,避而不谈此画的真假,巧妙地哄过了收藏者的要求,玩了一次“障眼法”。

来者听后大为服膺,临走一再拱手致谢。

天津大收藏家张叔诚先生捐献一件唐人《葛洪徙居图》手卷,在手卷后面有清代学者王世贞的题跋。刘光启拿在手中仔细观看,王世贞的题跋千真万确,然而他忽然发现在王字中有一道很难看到的小纹,于灯前一照,发现此处用刀裁过。他想,这其中必有蹊跷,这是一个突破口。于是他细细地读阅王的题跋。

就在其刀口处,上下文衔接不当,可以肯定当时有人删掉了其中一段文字。为什么要删掉呢?后刘光启留心起来。一天在翻阅清人顾复的《平生壮观》,这是一部记载绘画著录的,共计四册,目录上有“唐人葛洪徙居图卷”。这正是一两年来刘光启到处查阅的东西,翻开书只见上面记载着宋代诗人黄庭坚的题跋,“莫言家俱少于车,药裹衣囊自有余。老妇亲携三稚子,仙翁读玩一卷书……”共计八句。再往后看,是王世贞题字,而后几句在现在的字卷上已没有了,而被删去的这几句恰恰提到了黄庭坚的题诗。这样这个刀痕之谜解开了,那么黄庭坚的题跋到哪儿去了呢?

于是刘光启继续寻找资料。天津有个清代收藏家叫安麓邨,著有《墨缘汇观》,上记有《黄庭坚葛洪徙居诗卷一卷》,莫非这个就是以前手卷上的吗?于是一对照文字,果然就是那首诗。显而易见,这是后人将本是一个字卷里的画与字一分为二,从而成为两件东西。

那么什么时候变成的两件呢?刘光启继续穷追不舍。《平生壮观》著于康熙年间,顾复见此件时还是诗画合璧,然而到了乾隆年间安麓邨《墨缘汇观》时已变成两件,说明动手是在康熙乾隆年的五十几年中。于是一桩历史疑案在他步步为营的考据中被解开了。

4. 庄老禅宗顿悟法

著名书画鉴定家史树青曾戏称刘光启“刘半寸”,意思是刘光启常在字画刚打开一小段时就能说出这是谁的作品,马上断定其真伪。著名鉴定家徐邦达先生对刘光启近现代书画的鉴定也大加赞赏。1991年,天津青年收藏者邹继冬来京拜徐先生为师,邹对书画鉴赏颇有基本功,本人富于收藏,徐先生很为感慨,说:“你来北京是舍近求远,不如拜天津刘光启为师。此人年富力强、水平很高。”于是徐先生修书推荐邹继冬,请刘光启收下为徒。至今邹继冬随刘光启鉴定字画,颇有进益。

刘光启课徒首先要让学生勤于读书,几十年前曾有人告诉他,于无字处看出东西，于无画处悟出理趣，使他获益匪浅。他本人随天津著名学者吴玉如、龚望读书十五年之久，他认为鉴定书画是各方学问的综合，只记一些题款、印章的特征是初学者，若一生以此为据则只是一“鉴定匠”。读书理解字画中的书卷气，嗅出其中的禅意便是鉴定中的高境界。

学者邓拓曾说过，画有道家画、佛家画、画家画、文人画。张大千属于画家画，其临的石涛有画家气但无禅家气。刘光启北京学徒时，邓拓曾来店中，看到一幅光绪末年画家吴谷祥画的雪景，邓观后说："此画有凝寒之气，太好了。"凝寒二字高度概括了画本身的物外之象。大画家的笔下皴勾点染一般人学得到，然而笔墨之外的"画外之象"绝难得到，刘光启利用这一点鉴定字画屡试不爽。

刘光启曾举过这样的例子，唱京韵大鼓的骆玉笙（艺名小彩舞），她上台浑身淡如水，绝无夸张的姿势妩媚的眼神，一切淡淡的。然而，别人上台能把人唱乐了，而小彩舞能把人唱醉了。好画，也能达到这样的效果。

凡画有禅家气的讲究一种简练、空旷；另一种则是浑圆一气、混沌初开的意境。黄宾虹的画到了晚年，在一般人眼中是漆黑一团、满纸涂抹不堪入目，然而，画中表现的浑圆一气之象便是黄画的特点。打开画卷，有此气象者，便是黄宾虹；无此气象者，便是假黄宾虹。

近几年，有文物部门拿黄宾虹四大条请刘光启鉴定，刘光启一条只打开一半便说是假。来人以为草率，要求道："您是否全看看？"

刘光启说："看半条假半条，全看了就全假了。"来人请刘光启谈谈假在何处，为什么一露头便知全假。

凡看画抓住其要害就不必在题款钤印上再费时间，每幅画都有一种"场"，它给人的感觉或俗或雅、或俊或拙、或飘逸荒寂，扑面而来的"信息场"立刻给人一种感受，同大脑固有的某人的风格相吻合，真的一拍即合，假的一遇则散。黄宾虹的画，尤其是晚年的画，笔墨达到高度凝练，构图已形成高度和谐，正像启功先生所说："黄宾虹画的房子不能住人，一住人就倒。"这种欹斜的房子与其峻险的峰林构成独有的谐调。而做假之人，只会白纸画黑道，相互无呼应，层次凌乱、力度不够，所以只看一眼就知道必假无疑。

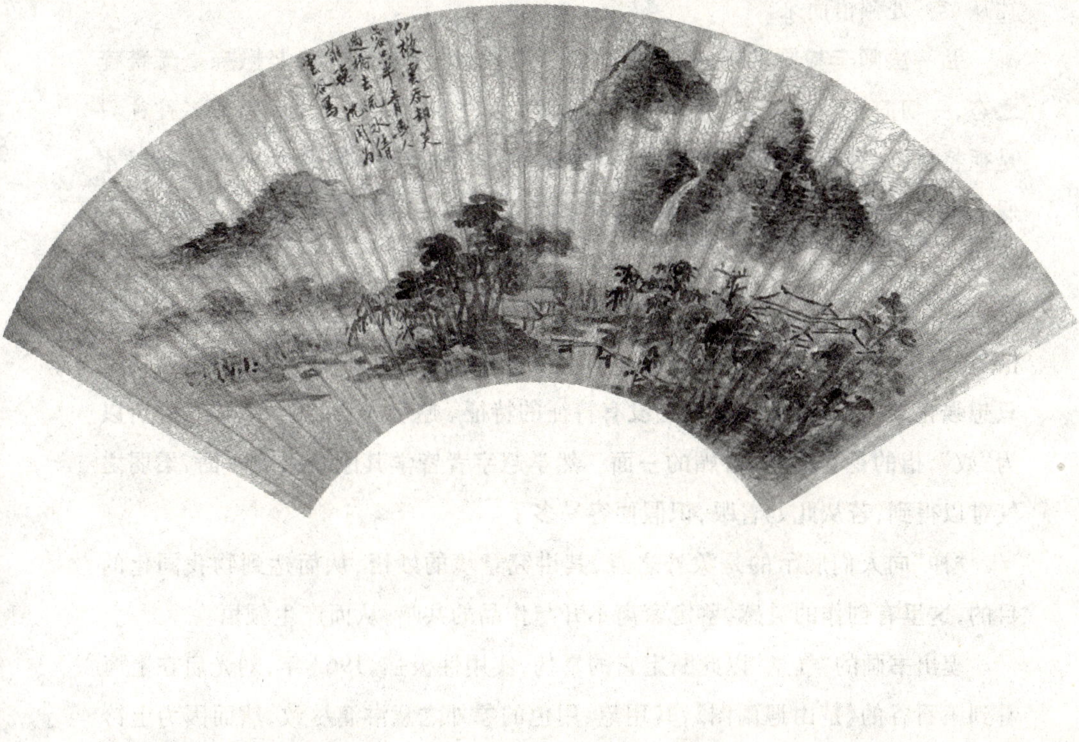

再以倪瓒画为例，倪画以空为主，其树枝疏叶少，其山景远空旷，整个画面给人的第一印象极简雅，别有一番逸趣。大凡倪的假画也都想造出这种情趣，然而都徒劳其神，刘光启在众多的倪瓒假画中，发现都缺少象外之意、画外之趣。

石涛曾说："倪高士画，如浪沙溪石，随转随立，出乎自然，而一段空灵、清润之气，泠泠迫人。后世徒摹枯素寒俭处，此画之所以无远神也。"这一段话的确搔到了痒处。这种逸士高人的"禅味"反映到书画上，以此鉴定真伪，一眼便知，往往从"空"处顿悟而来。

弘一法师李叔同的书法是禅，其将一切内涵蕴涵起来，横竖撇捺毫无赘疣之态，一切简化到极致，这便是禅，从此角度看便能识真假。然而造假者往往只是抓特征，这种特征做假者往往加以强化，使之特征增强，正因为有过之所以才假。但是，对于内涵的东西只能体悟到，无形无状难以描摹，所以天下做伪的总要露出狐狸尾巴的。

刘光启曾看过一个赵孟頫的手卷，那是 1954 年的事。有人拿来赵孟頫的小楷《过秦论》，上有项子京收藏印，也有名人题跋。这正如学禅家画一样，做伪者只想强化某一特征，却难以找到没有特征的特征。赵字人称之为"奴体"，之所以为"奴"，指的是它柔弱、娇媚的一面。然学赵字者皆学其刚劲秀美一面，柔弱之气难以得到，若从此处着眼，识假便容易多了。

"禅"向人们展示的是象外之意，其讲究意境的妙悟，从而达到物我同化的目的，这里有创作的灵感，鉴定家离不开与作品的共鸣，从而产生顿悟。

嗅出书画的"气息"以此断定它的真伪，实用性极强。1963 年，刘光启在上海看到王石谷的《楚山遇雨图》，其用笔、用色的象外之意淋漓尽致，然而因为上钤有——"竹笠道人"的印章被视为赝品。经交涉，刘光启把画购回，后经过几位北京书画鉴定权威鉴定，此画为王石谷精品，定为国家一级品。刘光启当时依据的不是这方印章，而是靠画面给人的气息断定必是真品，时间证明他是正确的。

"禅"不是玄学，是可以看得见摸得着的，胸中有禅、眼中有禅，或许对"神眼"的理解就不那么神秘了。

第九章

1. 纽约大都会艺术博物馆妙语惊四座

1990年9月，刘光启开始了新的里程。

他依依不舍地暂时脱掉了“家做”蓝布衣裤，换上了浅驼色笔挺的西装，说来也挺有趣，这一身新衣与他的满头银发倒很协调，俨然一副学究样。连与他同行的另一位学者史树青先生此时对他也“刮目相看”了。

谁都知道，刘光启爱说爱笑，一段极平常的故事，经他绘声绘色地一叙述可就妙趣横生了。可今天，登上飞机后，他只是一个劲儿地凝视机窗外，两只本来带着笑容的眼睛，此时变得严肃且深沉。

他心里在想什么呢？

他心里在掂量着此行的分量，代表中国文物鉴定工作者完成重任，他默默地说：“我刘光启可得露这把脸，争这个光。”

机舱门打开了，他走下舷梯，踏上了大洋彼岸的美国土地。

纽约，这座现代化的都市展现在刘光启的眼前，说来也怪，那么多新奇的东西,他却丝毫没有刘姥姥进大观园的感觉。对林立的摩天大厦,他似乎熟视而无睹。

在国内,刘光启就从不逛商场遛大街,仿佛他来到这个世界,就是一个职业癖工作狂。这不,只瞧了几眼纽约市容,就不大耐烦了。

“怎么还没到博物馆?”他连问几次。

“快了,快了。”翻译好像看透了他的心思。

一路上,刘光启眼睛直盯着前方,他脑海里萦绕的是多年前还是从书本上得知的美国规模最大的博物馆——纽约大都会艺术博物馆。

他记下过这样的数字:该馆收藏各种美术品100万件以上,藏书达165000册之多……

很快,目的地到了。

广场挂满了花花绿绿的旗子,登上二十多级台阶,他来到了博物馆正门。

大都会艺术博物馆从外表看,并不很华丽,但却典雅、古朴。刘光启伫立在门前,真正感受到了这座艺术殿堂的庄严氛围和风采。

据说,这个博物馆成立于1870年,馆址先在第5街681号,后在西14街128号,1880年才移到如今坐落在中央公园东边的这块地方。占地12亩,里面的工作人员约九百人,这是被公认的世界最重要的博物馆之一。

与刘光启擦肩而过的众多游览者,不乏有不同肤色的各国观光客人,啧啧的赞叹声不绝于耳,难怪每年这里要接待参观者六百万人以上。

进到馆内,看着看着,刘光启眼睛一亮,禁不住脱口而出:“这是我们中国部分。”

那月亮门、中国宫殿建筑模型,十分逼真。中国收藏馆里的陈设,完全是中国的传统模式,硬木的八仙桌子、太师椅,也被搬到这里。刘光启在这熟悉的环境里,感到万分亲切。他早已耳闻,就是在这里,收藏着中国的许多文物。

“先生,你好!”

几个地道的美国先生、小姐讲起了流利的中国话。要不是亲眼看到,单凭讲话的声音,准会认为他们是地道的中国人,或者确切地说是北京人。

刘光启微笑着，彬彬有礼地应答着身旁的外国友人。

外国友人很礼貌地将刘光启请进陈列馆，几句寒暄之后立刻进入正题，他们拿出了收藏的字画，客气地询问哪些是好的？哪是坏的？是真的？还是假的？

刘光启见这阵势，精神起来，两眼熠熠放光，仿佛蛟龙入海老虎归山，就像当年自己钻到了字画堆里，鉴定“查抄”物资那样。这对于刘光启来说算不了什么。你有来言，我有去语，真假虚实，刘光启绝不打一点儿马虎眼。

这里的字画真不少，刘光启大约看了近千件作品，足足看了五六天。这期间，刘光启大显身手，妙语惊四座，为外国友人留下了深刻的印象。

那是开始的时候，博物馆里一位工作人员走过来，刘光启一看，是一位金发女郎，她年纪不大，操着中国话，一边称呼着：“刘先生，你好。”一边打开手中又粗又长的字卷。

刘光启一眼扫过去，胸有成竹地问道：“你们在书本上是怎样记录的？”

金发女郎忙说：“这是明朝董纪的作品。”

“请你把你们底案的记录拿来，我看一看。”

刘光启眼前呈现这样几个字：

“明代董纪，字良史，洪武年间……”

“这是谁定的？”刘光启紧追一步。

“我们查书查出来的。”

“书上是有错误的。”刘光启肯定地说。

金发女郎瞪着两只大眼睛，刘光启突如其来的话使她惊诧不已。

“错了？”

“错了！”刘光启斩钉截铁地答道。

“为什么？”

刘光启此时非常认真严肃地说：“明朝有两个叫董纪的，一个是刚才你所说的董纪，他是洪武年间人，字良史；另一个董纪，他是万历年间的，字述夫。前者是明朝初年，后者是明朝晚年，他俩相距二百多年。而你手拿的这幅字卷，的确是明朝董纪的，但不是洪武年间的董良史，而是万历年间的董述夫之作。”

这一番有理有据、科学而准确的论断，使刚才还大惑不解的金发女郎一下子恍然大悟。她眨动着鬈曲的眼睫毛，一声不响地立即将原始记录修改过来。

金发女郎一字一句修正后，抬起头来，一对漂亮的大眼睛似乎在表达她的敬意，感谢从中国远道而来的刘先生。

“这老先生还真有两下子。”她心里一个劲儿地在说。

就这样，无论看到什么时期、什么人的作品，刘光启都能一一详细地说出他们各自的小传、生卒、画派，在外国友人面前从不迟疑，用行家话说是百发百中。

另一位美国小姐十分惊奇地问：“刘先生，你干了多长时间这方面的工作？”

“快五十年了。”刘光启脱口而出。

“太了不起了，你的脑子到底装了多少书画家？”

刘光启笑了笑，没等开口，站在一边的中国著名的文物鉴定家史树青老先生抢着说：“6000个名字。”

“哇！”美国小姐惊呆了。

说者无心，听者有意。一位正在翻阅工具书的美国小伙子随手翻开这本厚厚的画家名录，看了一眼搭上了话，显然是在考刘光启。

“请问刘先生知道陆宣这位画家吗？”

刘光启这时头也不抬，随即脱口而出：“陆宣明代华亭人，字廷旬，号节庵，山水不甚工，但清淡萧散无尘俗气。”美国小伙子听后先是张着大大的嘴，眼直愣愣的。稍过一会儿又问道：“汪士鋐这个人，先生知道吗？”刘光启答道：“此人顺治十五年生，雍正元年卒……”听到这比电脑还快的检索，小伙子“服了”。

一连几天，一连串的问题，又像是在讨教，又像是考官在考学生，而刘光启既像一位耐心的老师，不厌其烦地做着讲解，又像是一个出色的学生，圆满地完成了考卷。

美国人真的“服了”，送给刘光启一个响亮而动听的绰号——活电脑。

活电脑不负众望，在鉴定字画中，展示了中国文馆鉴定工作者的才华。刘光启心里始终在想：这是中国的文物，我要让世界的人们正确地认识它、收藏它。而我刘光启要让国外的朋友们了解中国学者的鉴定水平，因为我不单单是刘光启，而是外国人眼中的中国人，我要保持中国学者的形象。

几位专门研究中国字画的美国博物馆工作人员一直围着刘光启转，不时地询问他。

"刘先生，你脑子里为什么能记下这么多人？"其中一位高鼻子的先生问。

"为什么呢？讲给我们听听。"一下子围上来十来位小姐和先生，他们的眼睛里闪着期待的光。

刘光启被这些诚恳的目光感动了，他也无须保守，只是说："没什么。"然后马上就十分认真起来，这时，他又好像站在讲台上，传授起他自己多年的实践经验和理论。

"一个人有两种记忆，"他说，"一个叫内储，一个叫外储。内储是天生的，外储是自己学到的；内储是基础，外储作为外界的反应，外储通过内储记住以后，外储就是来源了，没有外储也是不行的，这是相辅相成的。"

这一套理论，使在场的外国人听呆了，他们恰似在世界著名高等学府，聆听一位东方的艺术导师在讲演，那富有哲理的言辞，字字句句刻在他们脑海里。

刘光启稍停片刻，谦虚地说："至于我个人怎样记下这些人与事，只是接触多了，也就没有感到是负担，反而倒是乐趣。"

听了这番话，几位外国人都相互对视了一下，频频点头。

外国人研究中国文化，尽管他们专门读中国古书、写中国字、说中国话，但对中国古老传统的文化艺术全面的认识，还是有差距的。他们还要借助中国专家来了解认识这些。

刘光启在大都会艺术博物馆里，真正成了"宝贝"，真是中国之"国宝"了。

一次，外国朋友拿出一卷足有两丈长的书法作品，下面书写的是草书。草书一笔下去直贯一两行，现今的中国人辨认都不大容易，更何况"老外"呢？

刘光启只看了第一行，就立即告诉他们："这是明代祝允明的。祝允明南京长州人，字希哲，号枝山。生而枝指，又号枝指生。他与徐祯卿、唐寅、文徵明号称'吴中四才子'。他的草法奔放，自成一家。"

外国人边听边用中国汉字记录着刘光启所说的话，他们希望刘先生读一遍后讲解一下这上面所书写的内容。

刘光启丝毫没有犹豫，脱口而出：

《秋兴八首》

玉露凋伤枫树林，巫山巫峡气萧森。

江间波浪兼天涌，塞上风云接地阴。

丛菊两开他日泪，孤舟一系故园心。

寒衣处处催刀尺，白帝城高急暮砧。

…………

佳人拾翠春相问，仙侣同舟晚更移。

——彩笔昔曾干气象，白头吟望苦低垂。”

刘光启一气呵成，抑扬顿挫将杜甫的《秋兴八首》吟诵下来。其实外国人哪里晓得，刘光启类似这样的诗背了不计其数，早已融进了他的脑海里。他不仅仅是吟诵，而是在背诵。随后一字一字工工整整用楷书将其“翻译”下来。

刘光启指着这《秋兴八首》讲道：

“《秋兴八首》是公元766年，也就是大历元年秋天，唐朝著名诗人杜甫在夔州时所作一组七言律诗。秋兴的兴，读去声，因秋以发兴，故曰秋兴。当时杜甫自公元759年弃官客居秦州，过了七年的漂泊生活，国家命运也未好转，当此秋气萧飒，自然触景伤感，它的中心思想是‘故国之思’。”

紧接着，刘光启又逐句解释出来。

可以这样说，刘光启在这短短的几天内，鉴定的近千幅字画作品，他都能准确地讲明出处、内容等，纠正了其中不少记载出现错误的地方，同时也看出了许多赝品。

刘光启的书画鉴定，令外国人感到诧异的是，怎么能够不看落款而知其出处，知其历史文化背景呢？

一位美国女士特意为刘光启送上20卷写经，带有试探的口吻说："听说，在中国经文不好研究？"

"是的。写经研究是书画行里的冷门，搞古玩收藏的人，过去因为此类不赚钱，所以没有兴趣收藏，一般搞鉴定的人也就不去研究它了。"刘光启回答道。

刘光启心里想：我对此可感兴趣，我重视它，从研究佛教来讲，经文也是浩瀚如海，越冷门越有研究的兴致。

打开一卷三四丈长的写经，因为它太长，只能看到前一部分，后面还卷着，刘光启一看便知这是《妙法莲华经》。

那位美国女士没有完全打开，又漫不经心地卷上。刘光启说："你知道是哪朝的吗？"

"那还用说，是唐朝的。"

"没错。可你知道该定在哪段吗？"

"我们不知道。"美国女士还在继续卷这幅写经。

突然，她醒觉过来，追问道："先生，你看是哪段的？"

"唐分为初唐、盛唐、中唐、晚唐、近三百年历史，一概将写经笼统说是唐朝而不定段是不够确切的。从该写经观察，明显带有欧阳询的《九成宫》味道，字写得似竹子棍式，根据当时历史背景分析，这是初唐写经生写的。"

那位女士连忙又打开卷好的《妙法莲华经》，一直打开到最后。果不其然，"开耀"二字呈现眼前。刘光启自信地笑了笑。

纽约大都会艺术博物馆里的的确确收藏不少中国的文物，正因为如此，在这些文物诞生地中国，也诞生了像中国文物那样宝贵的人才——中国文物鉴定的专门学者。

刘光启连珠炮似的解说，吸引了大都会艺术博物馆的专门研究人员。那天又围上了十几位实习人员，他们急切地要听刘光启的讲解。

史树青老先生用手一个劲儿地捅刘光启，小声而又急促地说："快，多讲些，这不也是为咱们中国人争光吗？"

刘光启一听"争光"二字，那话茬可就多了，讲了一段又一段，直讲得在坐的美国人听得出了神。

“OK,OK”声不断。

转眼,刘光启结束了访问。在他将要离开博物馆时,还依依不舍地望着中国的收藏馆。

刘光启想说什么,可怎么也说不出来,心里是什么滋味,尽在不言中。

马上就要离开这里了。

前来为刘光启送行的美国人,也许是在短短几天的接触中,领教了中国一位了不起的书画鉴定家的本领。

“刘先生,你不单纯是中国书画鉴定家,而且是学问鉴定家、艺术鉴定家、知识鉴定家。”几句精辟的总结,蕴涵着外国人对中国书画鉴定工作者由衷的敬佩。

刘光启与他们道别,又要启程。

今天,大都会艺术博物馆记下了刘光启的名字,记下了一个中国人的名字。

2. 华盛顿博物馆慧眼识真伪

美国首都——华盛顿,早在1791年定为美国首都,为纪念美国第一任总统华盛顿而命名。

20世纪九十年代,当这座城市已成为现代化城市的今天,作为中国文物鉴定工作者代表团成员的刘光启,也有幸光临此地。

刘光启还是像在国内一样,只要是有中国遗留下来的宝贵文物,他就如痴如狂地着了迷。

刘光启最爱看的是中国书画,如今他来到异国他乡,绝无其他兴致。看到一些异样的东西,只不过似过眼烟云,他不想在记忆中留下什么,也没有更强烈的欲望。唯一吸引他的则是博物馆里的中国文物。

这一天,天气格外晴朗,刘光启心情也十分舒畅,他此时就要亲眼见到收藏在华盛顿博物馆里的文物了。

瞬间，一片小洋楼映入刘光启的眼帘，“好美啊！”刘光启心里慨叹道，花园庭院铺满绿色草坪，喷泉潺湲，花木扶疏。浅红色砖墙带有白裙子的楼房，被一片绿色簇拥着，更映衬出这建筑物的华美与肃穆。各种艺术风格的雕塑点缀其间，更为之增加了高雅浓厚的艺术氛围。

“真了不起！”刘光启和几位同行者不约而同地赞叹。

在这儿，无论是哪种肤色的人，无论他是来自什么地方，徘徊其间，都会有一种宠辱皆忘，心旷神怡的感觉。

刘光启再一次从心底感受到：人类好伟大呀！人类才是艺术的真正创造者。

在博物馆人员的陪同下，刘光启一行几人徐徐进入大厅。

博物馆内左右两旁为陈列品，中间一条道专门供参观者行走。

他走了两圈，询问起同来的有关人员：“这有什么要求吗？”

两位负责人饶有兴趣地对他说：“刘先生，您就尽管在此多讲一讲，让外国人听一听。您讲的学术问题越多越好，为咱中国人争气。”

刘光启连忙说：“你们听我说的有没有不正确的地方，有损于国格、人格的地方，可要提出来。”

旁边的人都笑了，“哪里，哪里，绝对没有，您只管多讲好了。”

刘光启眼睛又亮了，他直瞅着一件件文物，嘴里还不停地叨叨着：

“陶瓷明代的、清代的；

黄花梨的木器，是精品；……”

不知是谁一会儿抱来一大卷子字画，刘光启眼光立即转移到字画上来，全身仿佛触电一样，高度的亢奋随之而来，难怪熟悉刘光启的人都说他有“特异功能”。

只见他打开一幅作品，又很快地卷好，那娴熟的动作，引起了美国人的注意。

“刘先生，你真是专家了，这么熟练。”一位学究模样的美国男子说道。

刘光启说：“从学徒的时候就干这个，也成了‘熟练工’了。”

“听你的口音像是北京人，好像是北京郊区人吧？”

徵明

那位美国男子从刘光启话音中判断他是北京人，那为什么又补充说他是北京郊区人呢？无疑，美国男子已经从刘光启的外表、气质看出，他不是城市人，是农民出身。这点确是刘光启的特征，尽管他换上了领带西装，但从他身上还是让人捕捉到了乡土的气息。

“我是河北南部地区人，倒是农民出身。”刘光启笑着说，这一笑眼睛眯起来，只露出一条细细的缝。

“你是中国通啊，很了解我们。”刘光启收敛了笑容，眼睛看着美国男子，很认真地称赞他。

“我是专门研究东方文化艺术的，搞了一辈子。我的老师就是中国著名教授。”美国男子直率地表露自己的学识，语气里不时地显出自信和高傲。

刘光启明白了，这是遇到了“中国通”。但是，至于真通假通，是通一点还是通全面，还要看动真格的。

刘光启耳聪眼明，听清美国男子的话语，看透了他的内心世界。看来两人要在这里“较量较量”了。

美国男子拿过来一个很粗的字卷子，他没有打开，却用手紧紧按住它。

刘光启很沉着地看着。

美国男子本来想，刘光启恐怕等不及要问，还是等一等。没想到，刘光启稳坐钓鱼台。

“这是董其昌的作品……”美国男子等不及了，连忙讲道。

“项子京收藏。”美国男子继续说。

接下来就听他向刘光启介绍该作品如何如何好，大约说了有几十个好。

刘光启还是沉着地听着，一对眼睛却凝视着天花板。

“先生还是请你看吧。”

刘光启只等这句话了。他刚打开看到开头，便说：“这确实是董其昌的，写得不错。”

“董其昌，明世宗嘉靖三十四年生，明思宗崇祯九年卒，活了83岁。松江华亭人，字玄宰，号思白。”刘光启边看边用眼瞪着作品，边详尽道出董其昌的情况。

“那你看这是他多大岁数所书？”

“72岁时。”刘光启眼一闭，立即说出。

美国男子无言以对。

刘光启立即出击：“刚才你所说是项子京收藏，这个意见一致吗？”

“当然一致。”

“无疑义？”

“没有。”

我可有疑义。”刘光启这么一说，恰似泼了一大盆冷水给这位“中国通”。

“董其昌作品是真的，项子京收藏印章也是真的，但是这个印章是后人打上的。”刘光启十分肯定地说。

美国男子被当头一棒，多少人从未有过这样的疑义，他想：这个中国人是不是“鸡蛋里挑骨头”了。于是，他灵机一动，反问道：“你根据什么这样说？”

“好！你问得好。”刘光启紧紧注视着他，于是一五一十地讲述出来。

其实，在刘光启眼里，这个问题很简单，而对于这个美国人却很难理解。原因在哪儿？这就是对中国书画鉴定的深度与否。达到深层次的认识，绝非是表面文章，或人云亦云。

刘光启耐心地讲解：“项子京确是明代收藏家，精于鉴赏，收藏书法名画，极一时之盛。许多人也拿着他的印章作为收藏依据。你知道他是何时生何时死？”

美国男子摇摇头。

“他是嘉靖四年生人，万历十六年死的，活了66岁。你懂吗？而董其昌是嘉靖三十四年生人，崇祯九年死的。项子京是大收藏家，董其昌曾在项家为其整理书画。项子京比董其昌大30岁。也就是说，项子京30岁时，董其昌才降生。在董其昌眼里，项子京先生是老前辈。”刘光启反复论证。

紧接着他又用假设推理：“如果当时董其昌写此文，在三十来岁，请项子京盖个收藏章，一是项子京恐怕不会赏这个脸，当然如果盖上一个也无可非议；二是董其昌年轻时书法还未成体系，那么作为收藏家的老前辈，拿此来收藏，就名不正言不顺了。”

美国男子边听边琢磨。

刘光启进一步反问:“项子京死时66岁,董其昌只有36岁,而这幅作品正值董其昌72岁所书,此时,项子京已死去36年了。怎么会亲自为董其昌盖收藏图章呢?”

“既然是这样,真的图章是怎么盖上的呢?”显然这位“中国通”还未琢磨透。

“那是后人用项子京的图章盖上的。图章是真的,作品也是真的,但是一定要记住这是后人给盖上项子京的图章的。”

美国男子这下子再也不说什么了,心里直埋怨自己:我怎么就没想到呢?瞧人家刘先生,眼睛可真够神的了。

看来,刘光启的眼睛真叫厉害,即使作品印章完全是真的,也能透视出里面的“破绽”。

美国男子以及周围的人,他们还在目不转睛地看着刘光启这个有着一双奇异眼睛的中国人。

刘光启在这场“较量”中,赢得了胜利。

刘光启就是凭着这双慧眼,识别了真真伪伪。

过了不久,另一位先生拿来一本册页递到刘光启手中。打开一看,刘光启就不说话了。

“刘先生,你又有疑义?”

“是的。”

“我们都认为是真王宠的作品。”

“依我看是假的。”

“假的?”

“对!就是假的。”

刘光启一针见血地指出:“首先这书法写得书卷气不够。王宠生于明孝宗弘治七年,卒于明世宗嘉靖十二年,只活了40岁。史书上曾记载他的书法作品神韵超逸,迥出诸人上。而此册子上虽书小楷,却多了些俗气,少了王宠的书卷气。

乃为其一漏洞。”

刘光启沿着这个突破口寻找，眼光突然落到王宠所书苏东坡词的词牌上，他立即说：“这词牌是错的，王宠偌大书法家，依他学识，决不会将人人知晓的‘水调歌头’一词牌错写为其他词牌，乃为其二漏洞。”

“既然作品是假的，那肯定不会有什么价值了。”美国先生说。

“不一定。作假要看是同时期作，还是后来人作。如果同时期人作假，虽未有艺术价值，但还有历史价值。当然今天的人作假，那可就无价值可言了。”

这一席话，说得铿锵有力，字字有理有据。刘光启虽说今日在异国他乡，但他还像平日那样保持治学严谨的态度。

“刘先生，你讲得很周全，我们明白了其间的道理，增长了知识，因此，我们没有感到这假王宠作品是废纸一张，一文不值。”美国先生对于刘光启对作品公正的鉴定，乃至科学的分析非常欣赏。

刘光启形象地打比方说明：“历史上有句俗话：‘买王得羊’。意思是买王羲之的却得到了羊欣的。那么羊欣未必就没有价值，因为王羲之后人作假甚多，而羊欣后人没有作假。也可以这样说，如果偶尔得羊欣之作，有时比王羲之还有价值。”

“这太有意思了，说得妙。”美国先生兴奋起来。

其实，刘光启这番话不是单纯地在谈论书画，多年来，他把各方面的知识融会贯通，用他常说的话：“把知识方方面面一凑，什么也都会水落石出了。”

刘光启眼睛真亮，平时鉴定书画，无论多少过目不忘；对于各种知识也记忆犹新。

在华盛顿博物馆里，刘光启以综合的知识，独特的见解，把美国专家们误认的一些真作品纠正过来，也就是“真中识假”；而对于他们误以为假的东西，刘光启为此正名，可谓“假中识真”。

“王石谷作品，真的；

文徵明作品，真的；

…………”

蓮花冠子道人衣日侍君王宴
紫微花柳不知人已去年年鬬綠
與爭緋
蜀後主每於宮中裹小巾命宮妓
衣道衣冠蓮花冠日尋花柳以
侍酣宴蜀之謠已溢耳矣而主之
不挹注之竟至濫觴俾後想搖
頭之令不無扼腕唐寅

刘光启一口气说出鉴定结果，美国专家为此震惊。

“郓南田字卷，真的。”

“我们可看假。”美国一位老学究拦住刘光启的话题。

“为什么？”

“因为这字卷书写时，正是郓南田去世那年，怎么可能会写呢？分明是假。”老学究自以为有理。

“你所说，乍一听起来有道理，但推敲一下，科学依据不足。郓南田何月何日卒？不可能是元月元日子时吧？他如果10月份死，前9个月都能写，所以他极有可能在死前数日书写，很有可能在去世之前当年某月某日写的。另外，从整个作品来看，从历史背景、风格等方面，确实是真的，是精品。”

“从未有人这么说过，太精彩了！”在场的美国人异口同声叫起好来，他们围拢过来，个个脸上浮现着惊喜之情。

一会儿，不知里面哪位人士好奇地询问：“刘先生，你的眼睛为什么这么神？”

“哈哈，”刘光启笑了起来，眨动着一双不大而又带着几分聪慧的眼睛，左手习惯地捋了一下不多的白头发，“其实也没什么。看书画如同读书，俗话说‘旧书不怕百回读’，读十遍书的理解与读百遍书的理解当然不同了，要想有深度就是不厌其读。”

“嗯，”美国人若有所悟，目光一动不动地注视着刘光启。

“这就好明白了，看书画看得多了，自然有了广度，综合各方面知识，也就有了深度。那么，眼力也就越来越好了嘛。”

“很好，很好。”有人竖起大拇指，有人主动握住刘光启的手，甚至有人鼓起掌来。

刘光启告别了这座美丽的艺术殿堂，心里没有任何遗憾怅然的感觉，反而倒觉得充实多了。

心里也踏实多了。他默默地说：“刘光启啊，刘光启，这么多年的文物饭，咱没白吃。”

刘光启抬起头来望着湛蓝的天空,心情豁然开朗,那双眼睛闪烁着奇妙的光,更加明亮了。

3. 意外收获

谁人不知,谁人不晓刘光启"神眼",这次出国之行也算叫外国人开眼了。

可是谁又知晓,刘光启"神眼"自有"眼福"。用他自己的话说:"我刘光启这一辈子算是与书画结缘了,到国外几个国家就看了近7000件书画作品,真是大开眼界,大饱眼福。"

对美食家来说,美味佳肴入口算是口福;对书画鉴定家来说,欣赏珍贵的字画算是眼福了。

刘光启多么珍惜这难得的机遇呀。所以,他对看到的每件书画作品都一丝不苟地鉴定,就连如何包装、如何摆放、如何造册等都一一详尽说明。

此行,他还肩负着到中国驻外国使馆去鉴定书画的任务。

刘光启这个人,平时总有个精神支柱,那就是祖国。爱国爱得近乎痴狂,对自己国家的古老文化真是达到了酷爱之至的程度。

这回,他思量着:不看好书画怎能去见江东父老,我要认真把好这个关,否则,那真是愧对国家,愧对父老乡亲呀。

他这么想,也是这么做的。

给他留下深刻记忆的,也是收获较大的是印度之行。

在国内,刘光启知道印度是南亚国家,也是人口大国,居世界第二。印度的文明早已进入世界最古老的行列。可是他却不了解中国文物在印度有多少。

等到刘光启到了印度首都新德里,下榻到中国驻印度大使馆,见到了这么多"好东西"时,兴奋不已。

"真没想到,真没想到,"刘光启自言自语激动地说。右手又情不自禁地拍起自己的右臂部。

中国驻印度大使馆的外事厅的墙壁上,悬挂着不少镜子,镜子里镶着画。

“好！傅抱石的画。”刘光启说着四下一看竟有傅抱石的画七八幅之多。

“傅抱石的画善于将水、墨、彩色融合一体，达到天衣无缝的效果，在传统技法基础上出新意，自成风格。”他边看边说。

大使馆的一位工作人员，看上去十分文静，与刘光启一见如故，因为他也擅长书法，字写得很好。他一直陪着刘光启来鉴定这些作品。

不多时，他领着刘光启走进了库房。还好，由于印度气候热，空气潮湿，存放的作品没有什么损失。

刘光启环视了四周，眼光又扫射了一遍陈列于此的文物。心想：怎么这么多宝贝？

大使馆的工作人员，似乎看透了刘光启的心思，没等刘光启询问，就介绍了文物的来历。原来，旅居国外的华侨，许多人向往着祖国，热爱祖国文化，为了表达一颗颗赤子之心，将多年收藏的文物捐给了中国大使馆。这些贵重的艺术珍品摆放于此，无声地表达了爱国志士仁人的炎黄子孙深情。

刘光启听后，也十分感动。

大使馆工作人员也补充了几句：“当然，这里也有的是被国外海关查获的走私品，外国政府将此送到我们大使馆，因为他们知道这是中国的，最终应该属于中国。”

这里的瓷器真不少，无论是官窑，还是民窑，都是大件的，年份也很好。刘光启帮大使馆选择、鉴定、造册、贴号。

“徐悲鸿、齐白石、吴作人、吴昌硕……”

刘光启边看边填单子，然后一一定级，估价。

大使馆的工作人员也把鉴定后的作品拍成照片。

就这样，每件文物都经过了刘光启眼看口述。刘光启还把国家文物政策又详尽地作了说明。与此同时，刘光启还为大使馆收藏工作提出了一些建议。

当时，中国外交部的官员对刘光启的工作精神、认真态度和精湛的业务技术给予极高的评价。

记得还是在中国驻美使馆鉴定文物时，刘光启就已经提出了瓷器、铜器、木器、书画收藏的办法，讲解了一些收藏知识，并且进一步就当时三四百件珍贵物品运往国内展览事宜，提出了如何复制的具体建议和措施，深得大使馆的赞赏。

有人曾问刘光启：“你此行有何感受？”

刘光启感受太多了，几天几夜也道不尽、说不完。可是如果用最凝练的语言概括，他会笑着说：“得到了意外的收获。”

这收获，对于刘光启今生今世是难忘的，对于一个书画鉴定工作者又是幸运的。

飞机又启程了，这次是飞回故乡。

归国途中，刘光启万万没想到又经历了一段奇遇。也许这又是意外收获中的收获。

4. 意外收获中的收获

中国国际航空公司的大型飞机停在旧金山机场，机场招待室里有位中央首长在休息。

刘光启听国务院负责人说，要带他们去见见中央首长。

宽敞的招待室大厅，摆放着豪华考究的沙发和茶几。中央首长在此正等候刘光启他们一行人。

刘光启一踏进大厅，中央首长主动迎上去与他握手，面带微笑问长问短，刘光启看着眼前这么和蔼可亲的首长，又这么平易近人，刚才因有些紧张而急促跳动的心，一下子松弛下来了。

他好像见到了亲人，又好像回到了家乡。中央首长亲切而又幽默的话语，使刘光启钦佩不已。平时只有在电视屏幕上见到的领导人形象，今日果真看到了本人。

刘光启心里说：首长对我们的工作还很重视。

“家住在哪儿？”首长拉起家常。

“天津。”

“今年多大年纪？”

“58岁了。”

“干多少年了？”

“从很小就学徒，快50年了。”

“老资格了，文物鉴定工作很有意义啊。”中央首长十分诚恳而又认真地说，他把“很有意义”四个字特意加重了。

刘光启心里很激动。他又想起了从小学徒的经历，想起几十年的风风雨雨。今天他更体味到自己人生的价值。

中央首长与刘光启像是老乡亲，亲亲热热聊了一个多小时。

临分手，中央首长与刘光启握手道别，并高兴地告诉他：“北京再会。”

到了北京，刘光启本想转天回天津，突然接到国务院通知：明天有任务。

他想：会有什么任务呢？

当他转天一早上了汽车后，一位负责人靠近他耳边说：“刘老，今天到钓鱼台。”

汽车缓缓驶进了目的地，刘光启四周一望，心里感慨道：好幽雅的地方，这么漂亮，不愧为是国家外事活动的重要场所。

刘光启还不大清楚有何任务，这时，那位负责人亲切地对刘光启说：“刘老，这又是您老本行了，——请您给几处楼里的书画搞一下鉴定。”

“书画鉴定。”

刘光启一听“书画”二字，喜出望外。再听“鉴定”二字，更是欣喜异常。

一座座小楼里摆放着书画家们的精品，如今，件件都成了更珍贵的文物。

时间一分一秒过去，刘光启一会儿用手麻利地打开画卷，一会儿又用手指一捻很熟练地卷上它。这一开一卷，整整看了一天，还没看完。

到了晚上，天色已黑，负责同志请刘光启住在钓鱼台，他婉言谢绝了。

这一夜，刘光启又回到了招待所。

第二天，刘光启作为贵宾被邀请到钓鱼台，原来还是那位中央首长宴请。

饭菜做得精致异常，中央首长请刘光启尽情享用。

刘光启是个实实在在的人，一见中央首长如此热情，没了紧张没了拘谨。

首长说："你们辛苦啦，国家非常感激你们，以后还要去其他一些国家转一转。你所从事的工作很有意义。"

这亲切的话语久久萦绕在耳畔，他感激国家领导同志如此重视文物鉴定工作，同时也为自己的光荣使命而自豪。这里的艺术品从未系统搞过鉴定，而刘光启荣幸地为国家做了一件具有历史意义的工作，他怎能不激动呢？

刘光启更充实了，他从未像现在这样活得更年轻、更潇洒。

刘光启的收获，带着昨日的辛劳，伴着今朝的努力，去迎接明天的辉煌。

第十章　最后的话

地球在转，表的时针、分针、秒针在转，世界本身是圆的，没有开始也没有结束。您看，这“神眼”正睁着，正放着异样的光，这虽然是“最后的话”，但我们还希望神眼发现新大陆，把这最后的话再作为“开始说”……

地球在转，表的时针、分针、秒针在转，世界本身是圆的，没有开始也没有结束。